종교 근본주의와 종교분쟁

Die Macht der Religionen by Wilfried Röhrich

Published by arrangement with C. H. Beck
through Orange Agency, Seoul

Die Macht der Religionen

종교 근본주의와 종교분쟁

빌프리트 뢰리히 지음 | 이혁배 옮김

바이북스
ByBooks

종교 근본주의와 종교분쟁

원제_ Die Macht der Religionen

초판 1쇄 인쇄_ 2007년 11월 26일
초판 1쇄 발행_ 2007년 11월 30일

글쓴이_ 빌프리트 뢰리히
옮긴이_ 이혁배

펴낸곳_ 바이북스
펴낸이_ 윤옥초

편집팀장_ 임종민
책임편집_ 이성현
편집팀_ 김주범, 김한나
디자인팀장_ 최승협
디자인팀_ 김경란, 이지현

등록_ 2005. 06. 30 | 105-90-92811호

ISBN_ 978-89-92467-09-4 03200

서울시 마포구 동교동 203-9 4층
편집 02) 333-0812 | 마케팅 02) 333-9077 | 팩스 02) 333-9960
이메일 postmaster@bybooks.co.kr
홈페이지 www.bybooks.co.kr

책값은 뒤표지에 있습니다.

바이북스는 책을 사랑하는 여러분 곁에 있습니다.
독자들이 반기는 벗 - 바이북스

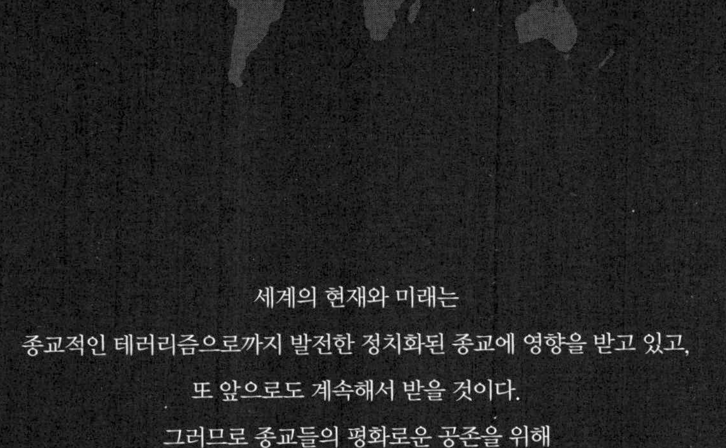

세계의 현재와 미래는
종교적인 테러리즘으로까지 발전한 정치화된 종교에 영향을 받고 있고,
또 앞으로도 계속해서 받을 것이다.
그러므로 종교들의 평화로운 공존을 위해
가치적인 측면에서 합의를 이루려면
종교 간의 대화가 필요하다.

세계 도처에서 종교분쟁이 그치지 않고 있다. 이런 상황에서 많은 사람들이 종교들의 성격과 종교 사이의 갈등에 대해 나름의 평가를 내리고 있다. 하지만 이런 평가를 들여다보면 설득력이 떨어지는 경우가 적지 않다. 그 결정적 이유는 판단의 근거가 되는 해당 종교나 종교적 갈등상황에 대한 객관적인 지식이 부족하기 때문이다.

종교도 하나의 사회제도인 만큼 아무리 성스러움을 내세운다고 하더라도 세간의 평가에서 벗어날 수는 없다. 그런데 이런 평가를 내릴 때 우리가 주의해야 할 사항은 판단하고자 하는 종교에 대한 객관적인 이해가 선행되어야 한다는 점이다. 해당 종교에 대한 객관적인 인식에 근거한 판단만이 정당할 수 있다는 것이다.

저명한 정치학자인 저자가 이 책에서 관심을 갖는 것은 종교에 대한 객관적인 인식이다. 그는 사회과학적 관점에서 각 종교의 근본 사상과 역사, 그리고 정치화현상을 객관적으로 서술하고 있다. 이 가운데 특히 종교의 정치화현상에 큰 관심을 갖고 있다.

저자는 종교의 정치화를 종교 근본주의라는 개념으로 설명하고 있다. 그에게 종교 근본주의란 어떤 집단이 해당 종교를 자신의 정치적 목적을 이루는 데 수단으로 사용하는 현상을 의미한다. 그의 분석에 따르면 모든 종교에는 근본주의적 흐름이 존재한다. 그리고 이런 근본주의적 흐름이 다른 종교들과 갈등이나 분쟁을 일으킨다는 것이다.

저자는 종교 근본주의의 관점에서 팔레스타인에서의 유대교와 이슬람교의 갈등, 아랍세계 및 미국에서의 그리스도교와 이슬람교의 갈등, 인도 카슈미르에서의 힌두교와 이슬람교의 갈등, 스리랑카에서의 불교와 힌두교의 갈등 등을 분석하고 있다. 이어서 저자는 종교 간의 대화가 근본주의적 종교집단들 사이의 긴장을 완화하고 평화를 정착시키는 데 기여할 수 있다는 전제 아래 세계의 주요종교들이 지니고 있는 일치점과 차이점을 서술하고 있다.

얼마 전 발생한 아프가니스탄 인질사태를 계기로 우리 종교계에도 다른 문화와 종교에 대한 이해와 존중이 중요하다는 인식이 생겨나고 있다. 현재 가속화되고 있는 종교문화의 세계화를 고려해보면 근자에 발아된 이런 자각은 늦은 감이 없지 않다. 늦은 만큼 다른 문화와 종교에 대한 객관적인 지식이 보다 강도 높게 축적되어야 할 것이다. 나아가 이런 지식의 축적이 세계적인 콘텍스트 내에서 이루어져야 함은 물론이다. 이 책이 세계에 존재하는 주요종교들, 그리고 그것들이 빚어내는 정치사회적 정황에 대해 우리 사회의 구성원들과 종교인들이 지니고 있는 이해의 지평을 확대시키는 데 조금이나마 기여했으면 하는 바람을 가져본다. 역자의 이런 소망이 구체화될 때 우리 사회에 존재하는 종교들은 서로에 대한 무관심과 적대의 상태에서 벗어나 평화와 화해의 구현이란 종교 본래의 사명에 보다 가까이 다가서게 될 것이다.

끝으로 어려운 여건 속에서도 대중적인 서적만을 고집하지 않고 이처럼 무게 있는 주제를 다룬 책을 발간하는 바이북스에 찬사를 보낸다. 또한 번역과정에서 여러 모로 도움을 준 아내 안선희에게 고마운 마음을 건넨다.

2007년 10월

이혁배

차례

III. 이슬람교

프롤로그

거대종교들은 그리스도교의 십자군전쟁과 이슬람교의 지하드聖戰에서 볼 수 있듯이 큰 권력을 획득했다. 거대종교들이 정치화되어 근본주의를 내세우는 현상에 주목해보면 이런 사실은 더욱 명확히 드러난다. 신의 계시를 강조하는 종교든, 세상의 법칙을 내세우는 종교든 간에 정치화된 종교가 지닌 권력은 국내적인 문제 영역과 국제적인 갈등 지역에서 영향력을 행사한다. 이는 유대교, 그리스도교, 이슬람교, 힌두교, 불교 등 거대종교 모두에 해당된다. 종교 근본주의는 이와 같이 영향력 있는 대부분의 종교들에서 드러나고 있는 것이다. 하지만 분명한 것은 종교 근본주의가 해당 종교가 지닌 교리적인 내용으로부터 발생하는 현상이 아니라 문화적 근대성에 대응하는 과정에서 생겨난 것이라는 사실이다.

정치화된 종교들의 권력은 종교적으로 광신적 테러리즘의 형태로 표현된다. 2001년 9·11 테러, 2004년 3월과 9월 마드리드 열차 폭발 테러, 베슬란 학교 인질극, 2005년 7월 런던 지하철 폭발 테러 등이 그 대표적 사례일 것이다. 이런 테러를 저지른 단체들은 현재의 세계질서를 재편하는 것을 목적으로 하며 이슬람교에 기초를 두고 있는 정치 이데올로기를 지니고 있다. 이슬람 근본주의, 곧 이슬람주의는 세계사회를 탈 서구화시키고 이슬람교를 국제적 지배세력으로 형성하려고 한다. 그리고 이슬람주의적인 테러리즘은 서구세계에 대항하는 지하드를 추구한다.

십자군과 지하드라는 용어는 오늘날에 와서 다시 통용되고 있다. 오사마 빈라덴Osama Bin Laden, 1957~은 서구세계에 대항하는 지하드로 9·11 테러를 일으켰다. 이에 대항해 이른바 중생重生한, 즉 신앙적으로 다시 태어난 그리스도인이라고 자처하는 조지 부시*George W. Bush, 재임 2001~ 미국 대통령은 테러리즘을 일소할 십자군을 소집했다. 이슬람교도들은 이라크 전쟁 이후로 미국에 대항할 지하드를 강하게 요구하고 있다.

여기서 우리는 두 가지 상이한 근본주의 형태들을 발견할 수 있다. 하나는 전통적인 종교적 가치를 보전하고 군사적으로 강한 미국을 위해 헌신하는 그리스도교 우파들과 보수적 그리스도교인들이 내세우는 근본주의[1]이며, 다른 하나는 혁명적 이슬람주의자들이 주창하는 근본주의다.

이슬람교와 그리스도교여기서는 미국 그리스도교를 의미한다는 해당 지역에

* 41대 조지 부시 대통령과 43대 조지 부시 대통령을 구분하기 위해서 41대 대통령은 '조지 W. 부시'로, 43대 대통령은 '조지 부시' 혹은 '부시'로 구분해서 표기하도록 한다.

서 깊은 뿌리를 가지고 있다. 이런 배경으로 인해 이 두 종교들은 이슬람주의적인 테러리즘과 근본주의를 표방하면서 등장해 권력을 행사하고 있다. 이 두 종교들의 실천은 확고한 형태를 취하고 있다. 이슬람교 사원의 첨탑은 하루에 다섯 번 기도 시간을 알려준다. 그리고 그 사원 안에서 이슬람교의 최고지도자는 항상 정치적인 문제를 다룰 수 있다.

반면 미국은 그리스도교 국가라고 할 수 있다. 미국인의 80퍼센트 이상이 그리스도인이며 전체 인구의 절반이 개신교도다. 이 가운데 대략 25퍼센트는 보수적인 복음주의자들인데, 이들의 모임이 가장 강력한 종교단체다. 이들에게 매주 일요일에 교회 가는 것은 의무다. 백악관에서 국무위원들은 조용한 기도로 회의를 시작하고, 모든 미국 지폐에는 "우리는 하느님을 믿는다"라는 글귀가 적혀 있다. 이런 종교적인 맥락에서 부시 행정부는 정치적인 판단기준을 종교적인 판단기준과 동일시하고 있다. 곧 종교적인 선과 악의 이분법에 근거해서 정치적인 동지와 적을 구분하고 있다. 때문에 로널드 레이건Ronald Reagan, 재임 1980~1989은 옛 소련연방을 '악의 국가'로 규정했고 부시 대통령은 이란, 북한과 함께 이전의 이라크를 '불량 국가', '악의 축'으로 표현했던 것이다.

이런 사실을 염두에 둔다면 초월적인 힘의 영향력에 대한 확신과 어떤 특정한 규범적인 세계에 대한 믿음을 결합시키는 거대종교들에 대한 우리의 시각은, 그것들이 거룩하고 속된 형태로 나타나든 종교와 정치의 통일체로 드러나든 간에 수정되어야 한다.

최근 종교 일반에 대한 관심과 거대종교들에 대한 관심이 증가하고 있다. 그러나 종교적인 요인들만을 고려해서는 세계의 여러 갈등 지역들을 제대로 이해할 수 없다. 이런 이유에서 종교 자체뿐 아니라 종교의 정치화가 중요하게 다루어지는 것이다. 그런데 이는 미국과 그리스도교 근본주의, 이슬람교의 수니파 지역과 시아파 지역, 그리고 남아시아와 동아시아의 힌두교 국가와 이슬람교 국가에 그대로 적용된다.

세계 도처에서 정치·경제적인 문제와 더불어 잠재적인 종교적 갈등이 심화되고 있는 가운데서도 종교들은 지난 수십 년 동안 부흥해 왔다. 비서구 국가들은 이런 분위기 속에서 서구적인 근대와 결합된 기존의 문화를 탈신성화하려고 한다. 이 과정에서 토착적인 종교 가치들이 다시 주목을 받고 있다.

관찰자와 관찰 대상이 속한 문화권이 서로 다르기 때문에 종교의 권력과 정치화를 이해하려는 것은 어려운 작업이다. 유대교와 이슬람교는 그리스도교와 유사하기 때문에 서구적 관점에서 접근하더라도 어느 정도 이해가 가능하다. 그러나 힌두교와 불교의 경우 서구적인 시각으로는 쉽게 접근할 수 없다. 서구적인 사고체계와 가치체계가 서구인들로 하여금 동양적인 신앙적 표상들을 이해하기 어렵게 만들기 때문이다. 게다가 서구의 근대적 의식이 힌두교와 불교, 그리고 유대교와 이슬람교에게는 익숙하지 않다. 유럽에서 근대는 대략 1500년경의 르네상스 시기로, 인문주의와 종교개혁을 통해 시작된다. 근대에 생겨난 개인의 특징은 '자율성', '기술·산업적 차원에서의 세계지향성', '사적인 소유' 등이다. 이런 부분적으로 모순된 요인들이 결합되면서 서구세계가 형성되었기 때문에 동양적 사상을 지닌 종교를 이해하기가 힘들다.[2]

마지막으로 17세기 말과 18세기 말 사이에 있었던 계몽주의 운동도 서구인이 동양 종교에 접근하기 어렵게 만든 요인이 되었다. 이 시기에는 자율적인 인간의 이성이 모든 인식의 참과 거짓을 결정하고 윤리적, 정치적, 사회적 행동에 대한 기준을 설정하는 유일하고 최종적인 심급으로 자리 잡게 되었다. 또한 의사 표현의 자유와 다른 의견에 대한 관용이 요구되었다. 그리스도교 신학에서는 이성과 계시 사이에 대립이 생겨났는데 이런 대립은 근본주의적 가톨릭교와 근본주의적 개신교에 의해 오늘날까지 다루어지고 있다. 이와 같은 근본주의적 흐름은 계몽주의에 근거한 문화적 근대성에 반대한다. 이 근본주의적 세력은 제2차 바티칸공의회 이후로 종교적, 시민적, 정치적 자유를 어느 정도 수용하게 되었다. 그럼에도 문화적 근대에 대한 이 진영의 근본적인 불신은 여전히 남아 있다. 미국에서는 중생을 강조하는 그리스도인들과 근본주의적 개신교인들이 계몽주의를 거쳐 형성된 자유, 곧 근대화와 세속화를 거부하고 있다.

한편 이슬람 세계에서 근대주의는 종교적 가치체계를 위협하는 이데올로기로 간주된다. 이슬람주의에 따르면 이런 근대주의적 이데올로기는 근대화의 모든 성과물들을 자율적 존재로서의 인간에 의해 이루어진 것으로 보면서 인간을 신, 곧 알라의 자리에 올려놓는다.[3] 이슬람주의는 서구적 근대화의 거부 이유를 식민주의의 부당함과 경제적 세계화의 불평등, 그리고 세속화된 근대에서 찾고 있다.

이슬람주의자들에 의해 선언된 이슬람적 질서는 조지 W. 부시 George H. W. Bush, 재임 1989~1992 대통령이 요구했던 '새로운 세계질서'와 마찬가지로 정치화된 종교의 권력에 근거한 잠재적 갈등을 포함하고 있다. 왜냐하면 이슬람적 질서는 '미국에 의한 평화 Pax Americana'와 마찬가지로 '이슬람에 의한 평화 Pax Islamica'라는 이데올로기적 의도를 지니고 있고, 그런 면에서 결코 평화질서를 구축할 수 없기 때문이다.

한편 미국도 정치적·종교적 갈등을 감수하면서까지 팍스 아메리카나를 계속적으로 확장시키고 있다. 미국은 팍스 아메리카나를 하느님이 원하는, 그래서 실현되어야만 하는 선교 과제로 이해한다. 미국의 강경파 정치인 로버트 케이건 Robert Kagan, 1958~에 따르면 이런 믿음은 홉스적인 무정부상태에 놓여 있는 세계, 즉 힘이 있는 국가가 다른 국가들의 안전과 성공을 좌지우지하기에 국제적 규칙과 법규가 유효하지 않는 세계에서 미국이 자신의 권력을 행사할 수 있었던 토대가 되었다는 것이다.[4] 그러나 이런 정치 이해는 단호히 거부해야 한다. 오늘의 상황에서 중요한 것은 평화적인 공존과 종교 간의 대화이기 때문이다. 이를 위해서는 보편적으로 공유될 수 있는 국제법적 토대가 요구되며, 이런 의미에서 미국적인 삶의 방식이건, 이슬람적인 방식이건 간에 하나의 모델만이 배타적으로 제시될 수는 없다. 더욱이 미국적인 주도권은 결코 요구될 수 없다.

I
유대교

종교 근본주의와 종교분쟁

유대교

유대교는 기원전 6세기경 바빌로니아에 포로로 잡혀갔던 유대인들이 본국으로 귀환하면서 성립한 유대인의 종교다. 그래서 대부분의 유대교 신자들은 유대인이라고 할 수 있다. 유대교가 세계종교에서 영향력을 갖는 것은 그리스도교와 이슬람교의 뿌리가 되기 때문이다. 현재의 이스라엘 지역은 유대교인에게뿐 아니라 이슬람교도와 그리스도교인에게도 중요한 성지(聖地)가 된다. 이로 인해 이스라엘은 격렬한 종교분쟁의 장(場)이 되고 있다. 복잡한 중동문제를 이해하기 위해서는 먼저 유대인들의 종교인 유대교와 이스라엘의 지리적 특성을 이해하는 것이 중요하다. 여기에서는 유대교 근본주의와 중동문제의 원인이 되고 있는 이스라엘 지정학적 배경을 다룬다.

1 종교와 유대교 근본주의

신정주의와 카리스마

바르샤바 유대인 강제거주지구에 대한 보고를 접한 아널드 쇤베르크Arnold Schönberg, 1874~1951는 〈바르샤바의 생존자〉라는 곡을 작곡했다. 이 곡을 통해 쇤베르크는 잊혀질 수 없는 정신적 충격을 또다시 경험하는 것과 같이, 인간들이 가스실로 가는 도중에 오랫동안 잊혀져왔지만 끊임없이 신뢰받고 있는 '쉐마 이스라엘'에 어떻게 동의했는지를 보고한다.

여기서 말하는 '쉐마 이스라엘'은 다음과 같은 구절로 시작한다.

> 이스라엘아 들어라. 야훼는 우리의 신이시요, 오직 한 분이시다.

이 구절은 구약성서 「신명기」 6장 4절에 나와 있는 것으로 유대인들의 기본적인 신앙고백을 담고 있다. 유대인들은 집이나 회당에서

기도할 때 이 신앙고백을 암송한다. 이런 신앙고백을 통해 기도하는 이들은 다른 신들의 존재를 인정하지 않고 오직 유일자인 야훼만을 받아들인다. 이로써 야훼와 선택된 민족으로서의 이스라엘이 긴밀하게 결합된다. 성서 속의 이스라엘과 유대교는 항상 유일한 야훼와 특별한 관계를 유지했다. 인간으로 하여금 자신을 승인하고 경외하도록 요구하는 야훼와, 야훼에 대해 자신의 의무를 다하려는 인간이 유대교 안에서 서로 만나고 있다. 또한 인간을 향해 있는 야훼와, 야훼와 교류하는 인간이 서로 만나고 있다. 이런 상호결합은 여러 민족들 가운데 이스라엘이 선택되었다는 사실, 이스라엘이 거룩한 땅을 향해 나아갔다는 사실, 그리고 토라라고 불리는 경전이 이스라엘에게 전달되었다는 사실에서 분명히 선언되고 있다. 이상의 서술을 통해 우리는 유대교를 드러내는 실체를 인식할 수 있다.

유대교는 오랜 역사를 거쳐 오면서 다양한 특색을 지니게 되었다. 이러한 사실은 우리로 하여금 고대의 랍비적 유대교를 몇 가지의 특징을 중심으로 살펴보도록 자극한다.[1]

3천 년 이상의 역사 가운데 최초의 저술은 기원후 94년 유대 역사가 플라비우스 요세푸스Flavius Josephus 37?~100?에 의해 발간되었다. 그는 유대교의 뛰어난 특징을 설명하기 위한 개념으로 '신정주의' 라는 용어를 선택했다. 그는 자신의 저술 『아피온 반론Contra Apionem』에서 알렉산드리아의 아피온Apion von Alexandria이 유대인들을 비방하는 것에 제동을 걸면서 아래와 같이 기록하고 있다.

> 민족들 사이에서 볼 수 있는 관습과 법률의 차이는 끝이 없다. 그중 대표적인 것은 다음과 같다. 곧 한 민족에서는 국가 권력이 군주에게 주어지고, 다른 민족에서는 왕족에게 주어진다. 또 다른 민족에서는 국가 권력이 대중에게 귀속된다. 우리 민족의 경우 이와 달리 국가가 신정주의에 기초해 있다. 때문에 지배권과 권력이 야훼의 수중에 들어가 있다.

요세푸스가 새로 고쳐 쓴 유대적 『정치Politeia』는 무엇보다도 유일한 존재로서의 야훼의 통치를 의미했다. 그렇기 때문에 야훼 자체가 불변적이듯이 헌법도 흔들리지 않을 수 있었다.[2]

"하나의 신, 하나의 민족, 하나의 성전聖殿."

이것은 요세푸스가 갈등을 안고 있는 유대교와 디아스포라Diaspora, 전 세계에 흩어져 사는 유대인들에게 상기시켜주었던 슬로건이다. 요세푸스의 구호를 놓고 보면 기원후 70년에 로마에 의해 파괴된 성전에 대한 언급이 비현실적으로 들릴 수 있다. 그러나 우리는 기원전 586년에 파괴된 성전이 기원전 50년에 재건되어 기원후 70년까지 유대인의 거룩한 장소로 존속해왔다는 사실을 간과해서는 안 된다. 오늘날에 와서는 통곡의 벽, 곧 옛 성전의 서쪽에 서 있던 벽이 이런 거룩한 장소를 드러내는 역사적이고 정치적인 상징이 되었다. 요세푸스에게 성전의 의미는 제사장 체제에 있었다. 야훼가 세계를 이끌어가듯 제사장들 또한 백성들과 성전을 이끌어나가야만 했다. 신정주의는 우선적으로 야훼의 지배를 위해 존재했다. 그런데 실제로 이런 신정주의는 로마제국 안에서 위계질서를 갖춘 유대교적 제사장 지배 체제를 의미했다.

유대교의 초기 역사에서 또 하나의 흥미로운 것은 사사士師 제도, 곧 심판관 제도다. 사사는 구약성서 「사사기」에 나오는 것과 같이 전쟁에서 큰 공을 세운 카리스마적 지도자를 가리킨다. 여기서 말하는 카리스마적 지도자는 막스 베버Max Weber, 1864~1920가 루돌프 좀Rudolf Sohm, 1841~1917의 '카리스마Charisma' 개념과 초기 그리스도교 교회의 연구 성과를 받아들여 이를 사회학적으로 재형성한 것이다. 베버에 따르면 카리스마는 "비일상적으로 간주되는 인간의 특질을 의미한다. 카리스마를 지닌 사람은 보통사람들에게서는 볼 수 없는 초자연적이고 초인간적인 능력이나 특성을 지닌 존재, 혹은 신이 보낸 존재 또는 모범적인 존재로 여겨지며, 따라서 '지도자'로 평가받는다."[3]

이런 의미에서 기원전 13세기부터 11세기까지의 이스라엘 역사의 특징은 카리스마적 지배로 압축된다. 이런 카리스마적 지배는 이스라엘을 위한 다양한 방어전쟁들에 이용되었다. 그러나 만성적인 전시상태가 지속되면서 이스라엘은 국가 종교적 의식이 약화되는 위기에 처했다. 베버에 따르면 이런 내부적이면서 외부적인 위기의 시기에 이스라엘은 카리스마적 지도자에게로 도피했다고 한다. 비일상적인 능력을 지닌 사사는 이스라엘을 구원하는 은혜로운 야훼의 사자使者이며, 이스라엘 안에서 가장 높은 권위를 부여받은 존재였다.

카리스마적 지도자로서 사사의 지배는 기원전 11세기 말 왕조가 성립되면서 끝이 났다.[4] 사사의 지배에서 왕정 체제로의 이행은 원만하게 이루어졌다. 이웃 국가들에 의한 계속적인 전쟁의 위협을 고려해본다면 전쟁이 발발할 때만 자신의 역할을 수행했던 사사는 지속적으로 전쟁을 준비하는 제도로 대체되어야만 했다. 그래서 이스라엘 백성들은 그때까지 전혀 경험하지 못했던 체제, 곧 왕정 체제를 수립한 것이다. 그들은 암몬족과의 전투에서 사사임을 입증한 사울을 왕으로 추대했다. 이로써 사울과 그의 후계자인 다윗의 왕국이 수립된 것이다.

유대교는 무엇보다도 신앙의 역사다. 이는 유대인들이 신앙고백을 통해서 이스라엘을 발견한 것이 아니라 역사적인 맥락에서 자신들의 야훼를 경험하면서 이스라엘을 발견하고 있다는 사실에서 확연히 드러난다. 이스라엘의 야훼는 이스라엘 백성들의 조상들을 선택하고 구원한 존재였던 것이다. 이런 야훼는 영원하고 유일하며 사랑 가운데 자신의 창조물들에게 생명을 불어넣는 존재다.

유대교의 유일신 신앙

유대교는 신앙의 역사를 기억하면서도 그리스도교와는 달리 신앙고백을 갖고 있지 않다. 마이모니데스Moses Maimonides, 1135~1204가 제시한 13개의 신앙 조항들은 의례에 수용되고 바리새파의 계율에 의해 부분적으로 반영되긴 했지만 유대교에는 본래 교리가 존재하지 않는다. 유일신 신앙은 야훼에 관한 사고에서 나온 것이 아니라 야훼에 대한 생생한 경험과 관계에서 생겨난 것이다. 히브리 성서, 곧 구약성서는 이스라엘에 대한 야훼의 요구에 근거해 있다. 야훼는 이집트의 노예였던 이스라엘 백성을 해방시켜 자유인이 되게 했다. 이스라엘 백성은 이런 역사적인 경험과 이로부터 나오는 야훼와의 관계에 근거하여 야훼만을 섬겨야 하는 의무를 지니게 되었다. 이런 맥락에서 「출애굽기」 20장 1~3절에 나오는 십계명의 서두에는 다음과 같은 언급이 나온다.

> 이 모든 말씀은 신이 하신 말씀이다. 나는 너희를 이집트 땅, 곧 종살이 하던 집에서 이끌어낸 너희의 신 야훼다. 너희는 내 앞에서 다른 신들을 섬기지 말아야 한다.[5]

유대교에서는 야훼를 유일한 존재로 간주하기 때문에 단지 유일한 의지만이 인식될 수 있다고 본다. 이와 관련해서 다음과 같은 질문이 제기된다. 야훼는 얼마나 모든 사람들에게 자비롭고, 사랑을 베풀고, 인자하며, 동시에 얼마나 엄격하고 정의로운 심판자인가 하는 것이다.[6] 랍비적 유대교는 이런 질문에 대해 신이 지니고 있는 두 가지 방식과 특성으로 답변한다. 랍비적 유대교에 따르면 신은 자비의 방식뿐만 아니라 엄격함의 방식으로도 나타난다는 것이다. 그런데 이 두 가지 방식들은 야훼와 엘로힘Elohim이라는 신의 이름과 결부되어 있다. 물론 이런 설명을 통해 악의 문제와 신정론神正論, 신의 선함과 전능함을 포기하지 않으면서 세상에 존재하는 악과 고통의 문제를 해명하려는 이론적 시도 – 역자

주의 문제는 해결될 수 없다. 이런 사실은 「이사야」 45장 7절을 보면 보다 더욱 분명해진다.

> 나는 빛을 창조하고 어두움도 만든다. 나는 행복을 가져오고 재난도 일으킨다. 나는 이 모든 일을 이루는 주主다.

이 구절에서 야훼는 세상에 존재하는 재앙을 내리는 존재가 자신이라고 밝히고 있다. 따라서 사탄에게는 아주 미미한 의미만이 부여되고 있다. 사탄은 반항적인 인간을 시험해보기 위해 야훼에 의해 투입된 존재에 불과하다. 사탄이 인간을 시험에 빠뜨리는 곳에서 의로운 사람이 아무런 잘못 없이 고통당할 수 있다. 그러나 이런 고통은 아무런 의미가 없는 것이 아니다. 야훼가 아브라함에게 그의 아들 이삭을 제물로 바치라고 요구한 것은 인간에 대한 야훼의 시험을 의미한다. 그리고 실제로 이삭을 바치려고 했던 아브라함의 희생적 행위는 야훼와 인간을 화해시키는 고통의 전형으로 이해될 수 있다. 의로운 자의 고난을, 다른 존재의 고통을 기꺼이 대신 짊어지는 대속적인 고난으로까지 승화시키는 고난신학의 관점에서 보면 의로운 자가 고통당하는 것은 야훼가 그와 함께 고통당하는 사상으로 귀결된다. 이러한 고난신학은 그리스도교에서 그 절정을 이루게 된다.

토라와 메시아주의

유대교의 경우 의례적 삶과 일상적 삶의 중심에 토라가 존재한다. 토라는 가르침을 뜻하는 말이다. 전통적인 이해에 따르면 토라는 신이 모세에게 직접 계시한 것으로 신앙심이 깊은 유대인들에게 매우 중요한 의미를 지닌다. 토라는 세계 각지에 흩어져 살고 있는 유대인들에게 인내력의 원천으로 기능하고 있다. 유대교를 특징짓는 토라는 계시된 역사, 지혜, 그리고 의례라고 할 수 있다. 유대인들은 토라를 통해 야훼를 만나고 야훼의 뜻을 인식한다. 그들에게 토라는 야훼의 말씀이며 이스라엘에 대한 야훼의 사랑의 표시다. 자기 민족을 선택한 야훼를 사랑하는 유대인들은 토라를 준수하며 살아간다. 유대교에 따르면 야훼의 토라를 따르는 신앙은 일상의 구원을 가져다주는데 여기서 일상의 구원이란 어떤 삶의 영역도 배제하지 않고 모든 것을 토라에 복종시키는 상태를 의미한다. 유대인들은 토라에서 삶의 모든 문제들에 관한 답변을 얻는다. 왜냐하면 토라의 관점과 이해가 이미 고대 이스라엘에서 하나의 교육 이상이었기 때문이다. 이런 사실에 관해 「시편」 1편은 다음과 같이 기록하고 있다.

복 있는 사람은 …… 주의 가르침을 즐거워하고 밤낮으로 주의 가르침을 묵상한다.

1천 년 이상 유대교의 중심적 기구가 존재하지 않았기 때문에 토라를 따르는 삶은 유대교 공동체를 보전해왔다.

랍비적 유대교에서 신앙과 행동은 밀접한 관계를 갖고 있다. 인간의 행동은 고립적으로 수행되지 않고 야훼의 행동에 대한 상호작용 안에서 성립된다. 신앙은 종교적인 교리나 감정과 관련되지 않는다. 오히려 신앙은 야훼에 대한 신뢰와 야훼의 뜻에 대한 복종에서 생겨난다. 올바른 행동은 신앙의 진정한 구성요소로서 그 기초를 토라에 두고 있다. 여기서 주의해야 할 점은 행동하는 것과 의롭게 되는 것이 단지 개인적인 의미만을 지니는 것이 아니라 사회 전체적인 의미도 갖는다는 사실이다. 이런 의미에서 서로를 옹호해주고 서로에 대해 책임을 져주는 시민공동체로서의 이스라엘이 본질적인 것이라고 할 수 있다.

유대교 사상의 핵심은 메시아에 대한 신앙이다. 학자들은 이런 메시아 신앙을 여러 가지로 분류한다. 마이모니데스가 주장하는 복원적 메시아주의는 미래에 펼쳐질 다윗 왕조를 고대하는 신앙을 의미한다. 성경 「이사야」 2장과 「미가」 4장에 나오는 유토피아적 메시아주의는 보편적인 평화와 사랑, 정의의 왕국을 제시한다. 복원적 메시아주의는 시오니즘으로, 유토피아적 메시아주의는 사회주의로 세속화되었다. 개혁적인 유대교에서는 메시아가 탈인격화되어 '희망을 위한 암호'라는 상징으로 나타났다.

유대교 근본주의

미하엘 볼프존Michael Wolffsohn, 1947~은 유대교적 근본주의자들을 두 가지 그룹, 곧 '적극적인 행동주의자들'과 '수동적인 대망주의자들'로 분류했다. 적극적인 행동주의자들은 이미 국가의 건립을 시작했는데 이 국가 건립이 신국으로 이어져야 한다고 주장한다. 반면 수동적 대망주의자들은 이런 국가 건립의 노력이 불신앙, 곧 야훼에 대한 믿음의 부족을 드러내는 것이라고 비판한다. 정통 근본주의자들인 그들에게 유대교적 국가성은 약속의 땅이 지닌 거룩성과 연관되어 있지 않다. 반면 적극적인 행동주의자들, 곧 시온주의자들의 본래적인 목표는 처음부터 완전히 정치적인 것이었다. 시온주의의 창시자들은 단지 제한적 측면에서만 종교적이었다. 시온에 대한 그들의 지향성은 정치적으로 동기화되었다. 그들은 유대적인 고향을 설립하기를 원했으나 어떤 하나의 국가에 관해 언급하기를 꺼렸다. 종교적인 유대인들에게 국가는 신국을 의미했기 때문이다. 물론 그들에게 고향이 거룩한 나라를 의미한다는 사실은 분명하다. 이것은 대부분의 비종교적인 시온주의자들에게도 마찬가지다. 하지만 이런 시온주의자들의 목적은 종교적인 정통 유대인들까지 선동하고 있다. 시온주의자들은 시온으로의 귀환이 야훼에 의해 추동되어야지 인간에 의해 추진되어서는 안 된다고 주장하기 때문이다. 그러므로 종교적인 유대인들에게도 시온주의는 유대교적 근본주의의 일부분이 되었던 것이다.

이스라엘 국가를 세우려는 시온주의 운동은, 성지 예루살렘을 새로운 이스라엘 국가에 통합시켰던 1967년의 '6일 전쟁'과 마찬가지로 메시아주의를 강화시켰다. 이런 새로운 종교적 메시아주의는 세속적인 시온주의와 종교적인 시온주의에서 강력한 세력들에 의해 지지받고 있는 하나의 이데올로기를 발견했다.[7] 이 이데올로기의 목표는 야훼의 창조질서, 세계질서, 그리고 계시질서에 따라 유대 민족의 소유라고 간주된 이스라엘 땅으로의 귀환하는 것이다. 여기서 말하는 이스라엘의 토지는 당위적인 지정학적 의미를 지닌 땅, 곧 야훼에 의해 약속된 선조들의 땅을 의미하지 않는다. 오히려 위에서 언급된 시온주의 운동과 결합된 '6일 전쟁'이 지닌 종교적 의미의 측면에서 해명되어야 한다. '6일 전쟁'은 "정치적인 이스라엘 국가 개념이 유대인들을 위한 종교적인 이스라엘 국가 개념으로 대체되는 계기"[8]로 작용하고 있다고 판단된다. 극단적 정통주의를 내세우는 쿠키스트이스라엘의 랍비이자 종교지도자인 예후다 쿡의 영향을 받은 보수적 정통주의자들 – 역자 주들은 1967년을 구원시대의 원년元年으로 선언했다. 그 이후로 성서에 나오는 약속의 땅은 극단적 정통주의 진영의 '고정 이념'이 되었다. 여기서 종교적 시온주의 및 세속적 시온주의의 이데올로기와 극단적인 유대교 근본주의의 긴밀한 결합이 드러난다.

정통주의적 그룹들과 극단적인 정통주의적 그룹들은 할라카Halakah에 근거하면서 종교적 율법을 지향하는 국가를 건설하기 위해 모든 수단을 동원해서 세속적인 국가를 타파해야 한다고 주장한다. 그러나 이런 확신은 유대교 근본주의가 지닌 일반적인 특징이라고 할 수 있다. 여기서 말하는 할라카란 문자적인 토라로서의 모세오경의 계명들과 구술된 토라로서의 모세오경의 계명들에 대한 해석을 포함하고 있는 유대교의 종교법을 가리킨다. 본래 유대교의 근본 신조에 따르면 문자적인 토라와 구술적인 토라가 제기하는 근본 문제들은 항상 토론되어야 한다. 그럼에도 정통주의적 유대교 근본주의와 극단적인 유대교 근본주의는 이런 근본 문제들에 관해 더 이상 토론하지 않는 완고함을 보이고 있다. 그 대신 이들 근본주의자들은 종교법을 과격화하고 자신들의 엄격한 입장을 관철시키는 것에 노력을 기울인다.

1948년 이스라엘 국가가 건립된 이래로 이러한 정통주의는 중요한 정치적 변수로 등장하고 있다. 이스라엘 제1대 총리인 다비드 벤구리온David Ben-Gurion, 재임 1948~1953, 1955~1963은 정통주의와 이스라엘의 정치를 결합시키기 위해 애를 썼다. 그 당시 '아구닷 이스라엘'로 불리는 정통주의적 그룹들의 연합체는 전통적으로 내려오는 경건성과 삶의 방식을 의무화할 것을 주장하면서 하나의 사회 계약 문서를 작성했다. 이 문서는 정부가 안식일을 공식적인 휴일로 선포하고 종교법적인 식사 규정을 명문화할 것을 제안했지만, 야훼를 이스라엘 국가에 포함시키는 것에는 반대했다. 그래서 이 문서는 야훼를 '이스라엘의 바위'로 바꾸어 쓰고 있다. 이런 정통주의적 태도는 이스라엘 국가의 전체 역사에 스며들었고, 또 지금까지도 스며들고 있다. 그리고 정통주의적인 정치 집단은 앞에서 언급된 신정주의를 연상시킬 만한 율법을 가지고 이스라엘 국가에 유대교적인 성격을 각인시키기 위해 노력했다.

이런 맥락에서 몇몇의 정통주의적 그룹이 생겨나게 되었다. 이스라엘 정부는 의회에서 다수파가 되기 위해 이 그룹들을 연정 파트너로 삼았다. 극단적인 정통주의적 정당인 샤스당도 이런 연정 파트너의 일원이었다. 샤스당은 1980년대 '아구닷 이스라엘'에서 생겨난 것으로 '위대한 탈무드 학자 연합'에 의해 지배되고 있다. 샤스당은 창당 시기부터 2003년 국회의원 선거 때까지 계속적으로 우익 정당 연합인 '리쿠드'에서 배출된 총리들의 지지기반을 마련하기 위해 의회 다수파를 유지하려고 노력했다. 역사적으로 샤스당은 '구시-에무님 신도들의 단체'으로 불렀다. 이 단체는 1973년 '10월 전쟁' 후에 결성되어 이스라엘의 재유대화와 강력한 이주정책을 위해 자신들의 역량을 쏟아 부었다. 1977년 리쿠드의 메나헴 베긴Menachem Begin, 재임 1977~1983은 국민종교당과 아구닷 이스라엘의 후원으로 총리에 선출되었다. 아구닷 이스라엘은 후원의 대가로 어떠한 장관직도 요구하지 않았다. 그 대신 안식일법과 음식 규정법, 결혼법을 포함한 종교적 법률을 강화할 것을 요구했다. 아구닷 이스라엘에 속한 랍비 베냐민 민츠Benjamin Minz는 "시온주의 단체들의 행진"이라는 구호를 외쳤는데 이것은 이미 1947년에 표명된 다음과 같은 인식에 근거해 있다.

> 우리는 유대적 국가가 우리가 믿는 완벽한 구원이라고는 생각하지 않는다. 그럼에도 우리는 이런 국가가 수십만 명의 유대인들을 구원하고 그들의 어려움을 경감시켜줄 것이라고 생각한다. 그러므로 유대적 국가는 구원의 시작으로 간주될 수 있다.

2 이스라엘과 중동의 갈등

당위적인 지정학

중동의 갈등은 크게 두 가지로 나뉜다. 하나는 유대적 공동체, 곧 이스라엘 국가와 팔레스타인 간의 대립이며, 다른 하나는 이스라엘과 이슬람 국가 간의 대립이다. 그중 첫 번째 갈등을 적절하게 서술하기 위해서는 이스라엘의 전前 역사, 곧 구약성서에 나오는 야훼에 의해 약속된 땅을 다루는 이스라엘의 당위적인 지정학까지 거슬러 올라갈 필요가 있다. 이 약속의 땅은 두 지역, 곧 이집트로부터 탈출한 이스라엘의 조상들이 거주했던 지역과 기원전 538년 포로로 끌려갔던 바빌로니아에서 귀환한 유대인들이 거주했던 지역으로 나눌 수 있다.[9] 이 조상들의 지역에 관해서는 「창세기」 15장 18절에 다음과 같이 쓰여 있다.

그날 주께서 아브라함과 계약을 맺고 말씀하셨다. '내가 이집트 강

에서 큰 강인 유프라테스까지 이르는 땅을 너의 자손에게 준다.'

이와 비슷하게 「출애굽기」 23장 31절은 야훼가 땅의 경계를 "홍해에서 블레셋 바다까지 그리고 광야에서 강까지" 정하였음을 지적하고 있다. 여기서 홍해는 에일랏 만을, 블레셋 바다는 지중해를, 강은 유프라테스 강을 가리킨다. 그런데 이 두 성서 구절들을 이해하는 과정에서 중요한 점은 이스라엘의 원 조상 아브라함, 이삭, 야곱이 유목민 혹은 반半유목민이었다는 사실과, 위에 언급된 지역이 이들의 유랑지역이었을 뿐 국가 경계에 관한 역사적인 법적 토대는 아니라는 사실이다.

이집트에서 탈출한 유대인들이 거주했던 지역은 아브라함 당시 사람들이 살았던 지역보다 더 작았던 것으로 보인다. 그 북쪽 경계로 레바논 산맥 혹은 유프라테스 강이 언급되고 있다. 그러나 그 남쪽 경계와 나일 강에 관해서는 언급되지 않고 있다. 이런 사실은 「신명기」 11장 24절에 나오는 경계에 관한 다음의 서술과 일치한다.

너희의 발이 닿는 곳 모두가 너희의 소유가 될 것이다. 광야(시나이)에서부터 (북쪽) 레바논까지 너희의 지역이 될 것이다. 유프라테스 강에서부터 서쪽 바다(지중해)까지 너희의 영토가 될 것이다.

이집트에서 빠져나온 유대인들이 살았던 지역은 크기 면에서 이스라엘의 원 조상들이 거주했던 지역과 비교될 수 없다. 약속의 땅은 상대적으로 협소한 것으로 드러나고 있다. 이런 면적의 차이는 종교적 약속에 관한 성서 구절들을 인용하는 것에서 실제적 땅을 점유하는 것으로 그 관심이 전환되고, 이 과정에서 약속의 구속력은 증가하지만 약속의 크기는 줄어든다는 사실에 기인한다.

기원전 538년 바빌로니아의 포로 상태에서 벗어난 유대인들은 본국으로 귀환했다. 이때 유대인들이 고국에서 거주했던 기간은 기원전 520년부터 서기 70년까지 600년 정도이다. 하지만 우리는 구약성서의 역사서들이 이미 기원전 5세기 「에스라」와 「느헤미야」를 끝으로 종결되었다는 사실을 확인할 수 있다. 실제로 이 시기에 유대인들은 요단강 서쪽 지방과 동쪽 지방에 자치 구역을 형성했다.

앞에서 이미 언급했듯이 우리가 이 주제를 제대로 이해하기 위해서는 유대교의 선先역사를 살펴보아야 한다. 특히 팔레스타인 사람들과 관계된 선역사를 추적해보아야 한다. 여기서 쿠란이 유대교에서 나온 것이라는 사실과 무함마드가 성서에 나오는 예언자적 전통에 서 있다는 사실은 시사하는 바가 크다. 쿠란 10장 92절은 다음과 같이 증언한다.

> 진실로, 우리는 이스라엘의 자녀들을 (가나안 땅에서) 참으로 확실한 존재로 준비시킨다. 그리고 우리는 그들에게 좋은 것을 공급해준다.[10]

이와 비슷한 내용을 보도하는 구절들은 결코 적지 않다. 쿠란 14장에서 유대인과 무슬림의 조상인 아브라함이 의미 있는 계시에 관해 이야기한다. 13~15절까지에서 유대인들의 야훼는 그들에게 약속의 땅에 대한 권리를 확인시켜주고 있다.

> 우리는 확실히 불경한 자들을 몰락시킬 것이다. 그리고 진실로 우리는 그들의 뒤를 이어 너희를 그 땅에 거주하게 할 것이다 …… 그리고 그들(유대인들)은 승리를 간청하였고, 모든 완고한 전제 군주들은 패배하였다.

폭력 행사가 고백되었는지에 관해서는 논란의 여지가 있을 수 있으나 이런 고백이 쿠란 14장에 분명히 기록된 땅에 대한 유대인의 권리를 감소시키는 것은 아니다. 그러나 쿠란의 또 다른 곳에서는 이런 권리가 유대인의 뜻밖의 범죄, 즉 알라에 대한 유대인의 배반으로 인해 상실될 수 있다고 지적하고 있다. 이는 유대교적 예언자들의 태도와 상당히 부합한다. 이런 면에서 쿠란 21장 71~72절은 시사하는 바가 많다.

> 우리는 우리가 세상을 위해 축복했던 땅 안에서 그(아브라함)와 롯을 구해주었다. 그리고 우리는 그를 이삭과 야곱에게 보내 주었다. 그리고 우리는 그들 모두를 만족시켜 주었다.

쿠란 24장 55절에도 이와 비슷한 내용이 나온다.

알라는 너희를 신뢰하고 너희에게 좋은 일을 하는 자들을 지상에서 후계자로 삼을 것을 약속하였다. 알라가 그들보다 앞서 존재했던 사람들을 후계자로 삼았던 것과 마찬가지로 말이다.

이런 사실에 대해 미하엘 볼프존은 다음과 같이 설명한다.

쿠란은 유대인들이 자신들보다 앞서 불신앙 가운데 살았던 사람들의 후계자가 되었다고 이야기한다. 여기서 유대인들보다 앞서 살았던 사람들이란 가나안 민족을 말한다. 하지만 유대인들은 신(여기서는 알라)을 외면했기 때문에 팔레스타인에서 추방되었다. 이렇게 추방된 유대인들의 후계자가 바로 이슬람교도들이다. 쿠란의 이런 진술은 유대인들이 종교적으로 깨끗해져야 시온으로 돌아올 수 있다고 주장했던 유대교 예언자들의 입장과 상통하는 것이라고 할 수 있다.

이로써 구약성서와 쿠란에 반영되어 있는 이스라엘의 선역사를 살펴보았다. 그 뒤에 이어지는 역사적 시대는 깊이 다루기보다는 간략하게 정리하고 넘어가도록 하자.

632년 예언자 무함마드가 죽은 뒤 2년 만에 아랍의 이슬람교 신도들은 거룩한 땅을 정복한다. 691년부터 이슬람교의 대사원인 '바위의 돔' 을 짓기 시작했고 10~20년 뒤에 알악사 사원이 신전의 언덕 위에 세워졌다. 이 시기 동안 많은 아랍인들이 거룩한 땅으로 들어왔다. 북아랍인, 중앙아랍인 그리고 남아랍인 들이 이주함으로써 아랍인들은 그 지역 주민의 다수를 차지하게 되었다. 반면 유대인들은 소수 민족으로 남게 되었다. 969년에는 이집트의 시아파인 파티미드 왕조가 거룩한 땅을 정복하였으며, 1000년경에는 무질서한 상태가 빠른 속도로 확대되었다. 베두인 사람들의 침략으로 그 당시의 지배 체제가 와해된 사실을 그 사례로 들 수 있다. 1071~1098년까지는 셀주크튀르크인들이 거룩한 땅을 지배했다. 심지어 예루살렘은 튀르크풍이 되었다. 셀주크튀르크가 쇠퇴한 이후 파티미드 왕조가 다시 거룩한 땅을 지배하게 된다. 이처럼 거룩한 땅을 지배한 세력들은 너무 다양하여 정확히 확인될 수조차 없었다.

첫 번째 갈등과 영국의 정책

오랜 역사를 지나오면서 중세 유럽에서는 십자군이 조직되어 이스라엘 지역의 유럽화 혹은 그리스도교화를 추구했다. 그러나 당시 이스라엘은 맘루크 왕조의 지배를 통해 한층 더 강성해진 이슬람교가 지배했으며, 또한 맘루크 왕조 이후에는 오스만튀르크 제국이 이어졌다. 그러고 나서야 비로소 시온이 다시 유대교 역사의 중요한 주제가 되었다.

이와 같이 이스라엘을 놓고 유럽과 이슬람의 세력 싸움이 이어져 오던 중 19세기 말, 곧 1880년대와 1890년대에 유대교의 정치화가 진행되기 시작했다. 정치적인 시온주의가 대두되면서 시온주의적인 동기를 가진 유대인들이 조금씩 팔레스타인으로 이주했다. 이는 유대인들이 동유럽에서 박해당하고 서유럽에서 억압받은 것에 대한 반작용이기도 했다. 구원에 대한 기대는 불확실한 미래의 메시아 시대에서 현재로 옮겨졌다. 시온주의는 메시아주의가 종교적인 유대인들에게 제공하는 의미를 세속적이고 비종교적인 유대인들을 위해 가져왔다.

19세기 초 예루살렘에서 튀르크인들의 힘이 약화된 반면 유대인들의 힘은 증가했다. 이로 인해 오스만튀르크제국의 지배와 이슬람 민족의 지배가 거의 불가능해지면서 1917년 12월 예루살렘에 대한 영국의 지배가 시작되었다. 이때 각 민족의 연합체로서의 팔레스타인은 영국의 수중에 들어갔다. 영국은 1917년의 밸푸어 선언을 통해 유대인들이 팔레스타인에서 국가를 건설하는 것을 승인했다. 이와 같은 영국의 태도는 아랍-팔레스타인의 민족주의를 자극했다. 1918년 11월 시온주의를 반대하는 정치적 단체인 '이슬람-그리스도교 연합'이 결성되었다. 이 단체는 예루살렘에서 아랍인들의 자치를 요구하면서 그 당시의 정치적 전개과정에 반대했다.[11] 1919년 6월 베르사유에서 열린 평화회의에서 아랍민족운동 진영은 A급의 신탁통치를 기대했으나 그 기대가 실현되지 못했다. 영국은 1922년 9월에 결성된 '팔레스타인질서협의회'를 통해 팔레스타인 지역을 통치했는데 이는 왕령식민지 모델국왕 직할 식민지 모델로서 다른 식민지 모델들에 비해 국왕 또는 본국 정부의 통제력이 강했다. – 역자 주에 따른 것이다.

이스라엘 사람들과 팔레스타인 사람들 사이의 갈등은 중요한 몇 단계로 구분될 수 있다. 먼저 팔레스타인 사람들은 시온주의자들과 싸워야 했고, 식민지배 세력인 영국에 대항하여 싸워야만 했다.

1920년 초 팔레스타인 사람들의 유대인들에 대한 첫 폭력시위가 발생했다. 이는 밸푸어 선언을 위반하는 행위였다. 이에 대항해 영국 군정은 팔레스타인 족벌들을 반목시키고 팔레스타인 민족 운동을 분열시켰다. 이러한 분열은 유대인들에게 유리하게 작용했다. 1920년대에 아랍인들은 '팔레스타인-아랍회의'를 두 번밖에 조직하지 못한데 반해 유대인의 인구는 이 기간에 8만 4,000명에서 15만 9,000명으로 두 배 가까이 증가했다.

1928년과 1929년에도 유대인에 대한 테러가 발생했다. '통곡의 벽'에서 유대교의 성지와 이슬람교의 성지가 맞닿아 있는데 이 테러는 이 벽을 둘러싼 갈등에서 비롯되었다. 이슬람교 신자들이 기도하는 유대인들에게 돌을 던지는 사건이 발생한 것이다. 이 사건으로 인한 갈등은 1929년 여름 알악사 사원의 과격파 이슬람교도들이 유대인 거주지에 돌진해서 집단 학살을 자행하면서 증폭되었다. 이에 시온주의자들은 보복 행위를 분명히 보여주어야만 한다고 생각했다. 처음에는 대항 테러에 찬성했던 시온주의자들은 소수였으나 순식간에 다수가 되었다. 이에 강경파 시온주의자들은 군비 증강을 주장했다.

1936년 팔레스타인 테러리스트들의 저항이 일어나면서 반란의 제1단계가 시작되었다. 그들의 폭력 사용은 처음에는 유대인들만을 겨냥했지만 나중에는 영국 군정까지도 목표로 했다. 압델 카더 알후세이니Abdel Kader al-Husseini가 이끄는 '거룩한 땅을 위한 거룩한 전쟁단' 소속 의용병들은 영국 군대와 경찰서를 공격했다. 그러나 이 의용병

그룹들은 내부에서 분열되었고, 그로 인해 영군군은 반란을 조기에 진압할 수 있었다. 팔레스타인 사람들의 봉기로 인해 경제·사회 영역에서 유대인 고용주들이 팔레스타인 노동자들을 더 이상 채용하지 않자 이에 대한 반발로 팔레스타인은 유대인들에게 자파항을 개방하지 않는 조치를 취했다. 그러나 이 조치는 그리 큰 의미를 갖지 못했다. 왜냐하면 유대인들은 텔아비브Tel Aviv에 자신들의 항만을 건립했기 때문이다. 영국 정부는 군사적인 수단을 동원하여 이 반란에 대처했다. 그리고 이 시기에 이스라엘 군대가 창설되어 그 성공의 역사가 시작되었다. 이스라엘 군대가 이렇게 발전하게 된 데에는 모셰 다얀Moshe Dayan, 1915~1981과 이갈 알론Yigal Allon, 1918~1980의 공이 컸다.[12]

아랍과 이스라엘의 전쟁들

팔레스타인 사람들은 무기를 사용하면서까지 격렬하게 시위했는데 이런 시위는 내전으로 이어졌다. 당시 팔레스타인 시위를 진압할 만한 병력을 충분히 갖추지 못한 영국은 통치권을 유엔에 넘겼다. 유엔은 팔레스타인의 분단, 곧 독립적인 팔레스타인 국가와 독립적인 유대 국가로의 분리를 결의했다. 이제 예루살렘은 국제적인 통제 아래 놓이게 되었다. 하지만 시온주의자들이 얻고자 하는 영토는 팔레스타인 사람들에게는 너무 큰 것이고 시온주의자들에게는 너무 작은 것이었다. 결국 유엔의 분단 계획은 관철 능력의 부족으로 인해 수포로 돌아갔다.

이 내전에서 승리한 것은 유대인들이었다. 1948년 5월 14일 이스라엘이 독립을 선포할 때까지 많은 팔레스타인 사람들이 그곳을 떠났다. 그사이 논란이 된 이 지역은 상당 부분 유대인으로 채워지게 되었다.

1948년부터 1949년까지 진행된 아랍과 이스라엘의 첫 번째 전쟁은 우선적으로 국경 문제를 둘러싼 주변 아랍 국가들의 이해관계 충돌로 인해 발발했다. 이 전쟁은 아랍의 참모장교들에 의해 세세한 부분까지 계획되었다. 그 계획에 따르면 전쟁은 기습전으로 수행될 예정이었다. 그러나 참전한 아랍의 다섯 국가들(이집트, 요르단, 시리아, 레바논, 이라크)은 작전에 대한 전술이해조차 제대로 숙지하지 못한 채 연합된 힘을 보여주지 못했다. 반면에 아랍 국가들에 비해 상대적으로 군비가 열악했던 이스라엘 자위대의 전투 능력은 생각보다 막강했다.[13] 누구도 예상하지 못한 일이 발생했다. 4주 동안 이스라엘 자위대는 몇 배의 군사력을 갖춘 아랍 군대의 공격을 막아내고 유대인 거주 지역을 지켜낸 것이다. 아랍 국가들의 공격이 실패로 돌아간 데에는 아랍 국가들 간의 정치적 이견이 결정적으로 작용했다.

팔레스타인 난민들이 정치적으로 새로 조직되기 오래전부터 이스라엘에 대한 폭력적 저항에 관한 여러 가지 입장들이 존재했다. 이런 입장을 세우는 데에는 베이루트와 카이로에 있는 팔레스타인 대학생들이 적지 않은 기여를 했다. 1959년 10월 쿠웨이트에서 파타Fatah라고 불리는 팔레스타인 민족해방운동이 창설되었다. 이 조직은 스스로를 아랍세계의 통일을 추구하는 혁명적인 전위대로 이해했다. 한편 아랍리그아랍어를 사용하는 나라들의 모임 – 역자 주는 팔레스타인 난민수용소에서 소요가 빈번해지자 팔레스타인해방기구Palestine Liberation Organization를 창설했다. 이로써 아랍세계에서 소요의 시대가 시작되었다. 1966년 11월 시리아와 이집트가 군사동맹과 원조동맹을 맺었다. 1967년 5월 이집트의 병력이 시나이 반도에 투입되면서 이집트 대통령 가말 압델 나세르Gamal Abdel Nasser, 재임 1954~1970는 이스라엘에게 매우 중요한 티란 해협을 봉쇄한다고 선언했다.

1967년 6월 5일 오전, 전쟁을 눈앞에 두고 있는 시점에서 이스라엘은 공군을 동원해서 기습적인 선제공격을 감행했다. 그 결과 지상에 있던 이집트 전투기들이 모두 파괴되었으며, 이집트의 육군과 해군은 공군의 보위 없이 이스라엘 공군의 폭격을 받으면서 전쟁을 수행해야만 했다.[14] 시나이 반도에 있는 이집트 육군뿐만 아니라 이집트의 동맹군도 몇 시간 뒤에야 비로소 이스라엘의 공중 폭격을 감지할 수 있었다. 이집트의 군대가 투입되었을 때 이집트의 명령체계는 이미 마비상태에 있었다.

이스라엘의 군대는 수에즈 운하, 요르단, 그리고 골란 고원에 도달할 때까지 기습공격을 계속했고 마침내 시리아의 수도 다마스쿠스 바로 앞까지 진격했다. 시리아와 이집트는 군사동맹을 맺었고 요르단 또한 자국의 군대를 이집트의 지휘 아래 두었다. 이 세 나라는 이스라엘을 포위했지만 그 포위가 철두철미한 것은 아니었다. 이스라엘은 요르단의 공군기지를 폭격한 후 예루살렘의 구시가지와 요르단 강 서안지구를 점령했다. 이 전쟁은 6일 동안 치러졌다고 해서 '6일 전쟁' 이라고 불린다. 이 전쟁에서 이스라엘 군대가 진격을 조금 더 계속했더라면 이스라엘의 영토가 지금보다 훨씬 더 넓게 확장될 수도 있었을 것이다.

팔레스타인과 테러리즘

6일 전쟁 이후 수많은 갈등이 이어졌다. 미국은 캠프 데이비드 협정에 근거하여 중동 문제의 해결책을 마련하기 위해 노력했다. 그러나 2000년 9월 제2차 인티파다, 곧 팔레스타인 시민들의 봉기가 다시 일어났다. 그 후 2001년 2월 선거에서 아리엘 샤론Ariel Sharon 재임 2001~2006이 이스라엘 총리로 당선되면서 모든 적대적 조치들은 폭력의 악순환 속에서 보복 조치를 불러일으켰다. 2002년 2월 사우디아라비아의 왕자 압둘라AIbn Abdul Aziz가 제시한 평화안도, 2003년 10월 팔레스타인과 이스라엘의 지식인들이 작성한 제네바 평화안도 팔레스타인의 자살테러와 이스라엘의 군사 공격의 악순환을 중단시키지 못했다. 이 시기는 이슬람의 테러 집단들, 곧 헤즈볼라, 알악사 순교여단, 그리고 하마스에 의해 좌우되었다.

팔레스타인 이슬람교의 정치화는 또다시 혁명적인 테러의 형태로 표출되었다. 이란의 지원을 받는 헤즈볼라는 서로 독립적으로 운영되는 작은 테러 조직들로 구성되어 있다. 따라서 헤즈볼라를 제거하는 것은 매우 어려운 과제다. 헤즈볼라는 매우 위험한 중동의 테러단체들 가운데 하나로 간주되고 있다. 이 조직의 목표는 이스라엘 국가를 파괴하는 것이다. 헤즈볼라의 구성원들은 자신을 알라의 전사로 지칭하는데 그들은 평화적인 타협을 거부하며 오늘날 팔레스타인 자치지구와 이스라엘의 중심지역에서 수많은 테러들을 자행하고 있다.

급진적인 알악사 순교여단은 파타 운동의 무장 조직으로 헤즈볼라와 매우 유사한 목적을 가지고 있다. 알악사 순교여단은 2000년 9월 성전산에서 큰 소요를 일으켰다. 그 당시 리쿠드당의 대표였던 아리엘 샤론이 이슬람 성지인 알악사 사원 주변을 방문한 후 이곳에서 폭력 행위들이 시작되었는데 결국 요르단 강 서안지구까지 확대되었다.

하마스도 헤즈볼라와 마찬가지로 이스라엘에 대한 거룩한 전쟁을 일으켜 팔레스타인 전체에 이슬람 국가 건설을 목표로 하고 있다. 수많은 자살테러와 폭력 행위를 자행한 하마스 역시 이란으로부터 재정적인 지원을 받고 있다.

이상의 세 테러단체들 때문에 이스라엘-팔레스타인 지역에서의 일상적 삶은 끊임없는 테러와 주도면밀한 복수의 악순환에 시달리고 있다. 2003년 8월과 2004년 3월에 드러난 바와 같이 팔레스타인 테러단체의 지도자들을 겨냥한 이스라엘의 군사적 행동은 단지 폭력의 상승작용만을 초래했다. 그 결과 이스라엘과 팔레스타인 자치지구가 서로 접근할 수 있는 공간이 거의 존재하지 않게 되었다. 이 양자 사이에는 680킬로미터의 거대한 보안 장벽이 세워지고 있으며,

이스라엘 사람들의 정착촌과 팔레스타인 사람들의 거주지를 분리시키는 이런 보안장벽의 건립으로 인해 수많은 소송들과 저항들이 초래되고 있다. 국제사법재판소는 점령지역에 보안 장벽을 짓는 것을 국제법에 저촉되는 행위로 간주하고 이스라엘에 장벽 건립을 중단할 것을 요구했으나 이런 판결은 어떤 물리적 효과도 동반할 수 없었다. 2003년 10월 이스라엘은 확약에도 불구하고 점령지역들에, 특히 예루살렘과 아리엘에 새로운 주택 건설을 강행했다.

2004년 11월 야세르 아라파트Yasser Arafat, 1929~2004가 사망한 후 이스라엘과 팔레스타인의 지속적인 갈등은 완화되었다. 그의 사망과 더불어 팔레스타인 민족이 자신의 국가적 정체성을 획득했던 시대가 종언을 고하였다. 아라파트가 팔레스타인의 지도자가 된 1950년대 말 팔레스타인의 정치적인 전망은 불투명했다. 그 당시 팔레스타인은 이스라엘과 요르단, 이집트가 분할해서 지배하고 있었기 때문에 팔레스타인과 팔레스타인 사람들을 아랍세계의 후견 국가들로부터 해방시키는 일이 시급한 과제였다. 이런 과제는 팔레스타인해방기구 안에서 가장 중요한 그룹인 알파타에 의해 수행되었다. 그러는 가운데 6일 전쟁이 일어났고 1968년 3월, 아라파트가 이끄는 알파타가 카라마 전투에서 이스라엘 군대를 물리치는 쾌거를 이룩했다. 이 일을 계기로 아라파트는 이스라엘에 대한 팔레스타인 투쟁의 지도자로서 그 위치를 확고히 하게 되었다. 아라파트는 해방운동은 오로지 테러를 통해서만 완수될 수 있고 무장투쟁만이 팔레스타인 민족에게 자부심을 되찾아 줄 수 있다고 확신하게 되었다.

1973년 10월에는 욤키푸르 전쟁이 발발했다. 이 전쟁은 이집트와 시리아가 이스라엘에 대해 기습공격을 감행하면서 시작되었다. 이 전쟁으로 인해 이스라엘은 큰 피해를 입었지만 결국에는 또다시 이스라엘의 승리로 종결되었다. 이 전쟁 후 아라파트는 자신의 목표를 변경했다. 그는 이스라엘과 협정을 맺고 팔레스타인 국가의 영토를 요르단 강 서안지구와 가자지구에 한정하기로 결정했다. 이런 결정을 구체화하기 위해 그는 이 두 지구들을 놓고 이스라엘과 협상해야만 했다. 동시에 그는 팔레스타인 사람들과 팔레스타인·이슬람 테러단체들로 하여금 이스라엘의 정당성을 인정하고 그동안 요구해왔던 영토의 규모를 축소하도록 그들을 설득했다. 그러나 테러단체들은 아라파트의 이런 제안을 수용하지 않고 자살테러와 살상을 계속했다. 과격 테러단체는 아라파트의 행보에 부담을 주었지만 그 목표가 실현될 가능성을 완전히 차단하지는 못했다. 1993년 9월 이스라엘과 팔레스타인해방기구 간의 상호 인준이 이루어졌다. 같은 해 오슬로협정에서 팔레스타인 자치정부의 구성에 합의하여 1996년 2월 아라파트가 대통령직에 오르게 되었다.

그러나 오슬로협정을 통해 실현된 것은 아라파트의 최종 목표 중 일부에 불과했다. 아라파트는 동예루살렘을 수도로 하는 주권국가의 수립, 1967년 설정된 경계의 회복, 팔레스타인 지역에서의 이스라엘 사람들의 퇴거, 난민 문제의 해결 등을 최종 목표로 생각하고 있었다. 2003년 12월의 제네바협정이 그의 이런 최종 목표에 부합했다. 2000년 9월 알악사 봉기의 발발과 2002년부터 이어지는 갈등의 증폭으로 인해 최종적인 규정들은 마련되지 못했지만 그럼에도 불구하고 아라파트는 작은 팔레스타인 국가의 건립을 통해 팔레스타인의 정체성을 형성하는 데 성공했다. 문제는 팔레스타인 사람들의 해방투쟁이었다. 팔레스타인해방기구는 작은 나라의 대통령으로서 아라파트가 사용하기 힘든 폭력적인 수단을 요구했다. 팔레스타인 사회는 세속적인 근본주의자들과 종교적인 근본주의자들 간의 갈등으로 특징지을 수 있다. 그런데 아라파트 사망 후 진행된 선거에서 확인된 바와 같이 팔레스타인 사람들의 다수는 세계를 향해 자신들이 민주적이고 평화로운 민족이라는 사실을 보여주길 원하고 있다. 그러나 강경 이슬람 테러조직들, 곧 헤즈볼라, 알악사 순교여단, 하마스 등은 단지 폭력을 통해서만이 팔레스타인 국가가 건설될 수 있다고 믿고 있다.

3 예루살렘 : 유대교와 이슬람교

유대교, 그리스도교, 이슬람교가 공존하는 예루살렘

새로운 팔레스타인 자치정부의 수반 마무드 아바스Mahmoud Abbas, 재임 2004~는 2005년 1월 어려운 조건 속에서 자신의 직무를 시작했다. 그는 가자지구와 요르단 강 서안지구에 거주하는 팔레스타인 사람들의 다수를 대표하고 자기 민족에게 정치적 전망을 제시해주어야 할 과제를 안고 있다. 또한 이스라엘과 팔레스타인 사이의 갈등을 단계적으로 해결하고 팔레스타인 주민들에게 종교적으로 의미 있는 동예루살렘을 포함한 팔레스타인 국가를 수립해야 할 과제도 갖고 있다.

예루살렘의 구시가에는 좁은 공간에서 유일신론적인 세 종교들, 곧 유대교와 그리스도교, 그리고 이슬람교가 서로 만나고 있으며 이 세 종교들의 성지들이 나란히 공존하고 있다. 예루살렘의 구시가에는 성전산 위에 아브라함의 제단이 있고 그 너머로 바위 돔과 이슬람교에서 세 번째로 중요한 성지인 알악사 사원이 있다. 거기서 조금 더 나아가면 유대인들의 가장 성스러운 기도처인 통곡의 벽이 세워져 있다. 그 옆에 성서에서 예수가 십자가 위에서 처형되어 매장되고 부활했다고 하는 장소 위에 세워진 무덤교회가 서 있다.

팔레스타인과 이스라엘 간의 정치적 갈등과 종교적 갈등은 성전산 및 통곡의 벽과 연관되어 있다.[15] 그리고 이런 연관성은 이미 오랜 역사를 가지고 있다. 약 3,000년 전 예루살렘을 정복한 다윗 왕은 기원전 969년 자신의 아들이자 후계자인 솔로몬에게 그곳에 성전을 건립하도록 했다. 이에 관해 구약성서 「역대기상」 22장 6～10절에는 다음과 같이 쓰여 있다.

> 그런 다음 다윗이 자기 아들 솔로몬을 불러 주, 이스라엘의 신을 위해 성전을 건축할 것을 부탁하였다. 다윗이 아들 솔로몬에게 말하였다. "나는 주, 야훼의 이름을 위해 성전을 건축하려고 하였다. 그러나 주께서 나에게 말씀하셨다. '너는 많은 피를 흘려가며 큰 전쟁을 치렀다. 너는 내 이름으로 성전을 건축해서는 안 된다. …… 그러나 너에게서 한 아들이 태어났다. …… 그는 내 이름을 위해 성전을 지을 것이다. 그는 내 아들이 되고 나는 그의 아버지가 될 것이다. 나는 이스라엘에서 그의 왕위가 영원히 흔들리지 않게 할 것이다.' "

가장 거룩한 장소 '성전聖殿'

바빌로니아로 끌려간 유대인들이 귀환한 이래 예루살렘은 성전의 존재만으로 종교적·정치적 중심지가 되었다. 예루살렘과 성전에는 신성성이 부여되었는데 이에 관해 탈무드 『미쉬나』 「켈림」 편 1장 6~9절에는 다음과 같이 쓰여 있다.

> 거룩함에는 10단계가 있다. 이스라엘 땅은 다른 나라들보다 더 거룩하다. 그런데 이스라엘의 거룩함은 어디에 있는가? 사람들은 이스라엘에서 곡식 단, 첫 결실들, 그리고 빵을 얻을 수 있지만 다른 나라들에서는 그것들을 얻지 못한다.

거룩함의 단계는 율법적인 규정으로 이해될 수 있는 다음과 같은 구절에서도 나타난다.

> 성벽으로 둘러싸여 있는 도시들은 이것(이스라엘)보다 더 거룩하다. 왜냐하면 사람들이 나병환자들을 그 도시들로부터 추방하기 때문이다. 사람들은 그 도시들 내에서 죽은 사람을 들고 돌아다니지만 일단 그 시체를 도시 밖으로 내보내면 다시는 안으로 가져오지 않는다.

거룩함의 더 높은 단계들은 (예루살렘의) 성벽 내의 공간, 성전의 산(성전산), 회랑回廊(성전산 내부의 공간), 여성을 위한 현관, 이스라엘인을 위한 현관, 사제를 위한 현관, 성전의 입구와 제단과 중앙 홀 사이의 공간이다. 그리고 마지막으로 (성전 안에 있는) 지성소至聖所는 이 모든 것들보다 더 거룩하다. 왜냐하면 그곳은 제의가 거행될 때 제사장만이 들어갈 수 있기 때문이다.

이렇게 해서 거룩함의 등급이 매겨진다. 한편 거룩함은 여러 영역으로 나누어질 수 있다. 가장 큰 영역은 이스라엘이고, 가장 작은 영역은 성전 안의 지성소다.[16] 그렇기 때문에 이런 의미 부여는 과대평가될 수 없다. 성전은 유대 민족과 그들에게 약속된 땅이 종교적이고 정치적으로 결합된 사실을 상징했다. 유다 왕국의 정체성은 솔로몬 왕에 의해 건축된 성전과 결합되어 있었다. 그렇기 때문에 바빌로니아에 의해 성전이 파괴되었을 때 유다 왕국의 정체성도 소멸해버리고 만다.

사이러스Cyrus the Great, 재위 BC 559~530 왕이 바빌로니아를 정복한 후 바빌로니아에 동화되지 않은 유대인들은 페르시아의 지배 아래 들어간 유다 왕국으로 귀환하기 시작했다. 그들은 기원전 538년 혹은 520년부터 페르시아의 도움으로 예루살렘 성전을 재건했다. 구약성서 「에스라」 1장 1~3절은 580년에 내려진 사이러스 왕의 칙령을 나타낸다. 여기서 페르시아의 왕 사이러스는 다음과 같이 선포한다.

주, 하늘에 계신 야훼께서 나에게 지상의 모든 나라들을 주셨다. 주께서 나에게 유다에 있는 예루살렘으로 올라가서 자신을 위해 성전을 지으라고 명령하셨다.

물론 이 시기에 유대인들에게 자치권은 주어졌으나 정치적으로 독립적인 국가는 허용되지 않았다. 그들에게 주어진 자율성은 공동체 내부의 문제들에 한정된 것이었다.

서기 70년, 새로 지어진 성전이 로마인들에 의해 파괴되어 성전의 서쪽 벽만이 남게 되었다. 이 벽은 앞에서 언급한 바와 같이 통곡의 벽이라고 불리게 되었으며 이는 오늘날까지 유대교의 가장 중요한 성지로 여겨지고 있다. 성전의 파괴로 유대교는 장소에 의존하지 않는 종교가 되었다. 성전 파괴 이후 유대교를 형성하는 가장 중요한 기초는 탈무드다. 그럼에도 불구하고 통곡의 벽은 하나의 형상 문장으로 기능하고 있다. 더 나아가 옛 성전의 서쪽 벽은 하나의 종교적이고 정치적인 상징이 되어왔다. 과거에 성전이 그랬던 것처럼 통곡의 벽은 민족과 땅이 종교적·정치적으로 결합되어 있음을 상징하고 있다.

분쟁의 원인이 된 예루살렘

거룩한 도시 예루살렘은 서기 135년에 부분적으로 파괴된 이후, 그리고 유대인들이 추방된 이후 이슬람 문명에서 중요한 의미를 얻게 된다.

637년 이슬람에 의해 정복된 예루살렘은 이슬람교의 종교적·문화적 중심지가 되었고, 이전에 방치되어 황폐해진 예루살렘의 성전산은 복원되었다. 691년 이 성전산 위에 바위 돔과 알악사 사원이 건축되기 시작했다.

예루살렘의 새로운 전기는 십자군에 의해 주어졌다. 십자군을 통해 그리스도교 서구국가들은 통일체를 구축하고자 했다. 1099년 예루살렘을 차지한 십자군은 프랑스를 모델로 하여 예루살렘을 봉건국가로 만들었다. 그러나 1187년에는 쿠르드 족 살라딘Saladin, 재위 1171~1193 왕이 세운 아이유브 왕조가 지배하면서 예루살렘은 또다시 이슬람의 영향 아래 놓이게 되었다. 이후 1517년 오스만튀르크 제국의 술탄 셀림 1세Selim I, 재위 1512~1520에 의해 정복된 팔레스타인과 예루살렘은 1917년까지 오스만튀르크 제국의 지배 아래 있었다. 이 시기에 예루살렘은 이슬람교 신도들에게 중요한 종교적 의미를 지니게 된다. 알악사 사원이 예루살렘에 소재하고 있었고, 메카 및 메디나와 더불어 예루살렘도 이슬람교의 성지로 간주되었기 때문이다. 메카에 대해 밝히는 쿠란 17장에서는 알악사 사원과 관련해서 다음과 같이 이야기한다.

> 그대여, 찬미받으소서. 그대는 밤에 그대의 종(무함마드)을 거룩한 사원에서 우리가 축복한 이 머나먼 사원(알악사 사원)으로 인도하셨나이다. 그래서 우리는 그대의 종에게 우리의 표적들 가운데 일부를 보여주었습니다.

지금까지 살펴본 이슬람교와 유대교의 관계사를 돌아보면 아랍과 이스라엘의 갈등, 그리고 팔레스타인과 이스라엘과의 갈등[17]은 비슷한 창조 이야기와 계시론을 가진 두 종교 간의 갈등이라고 할 수 있다. 유대인의 원 조상 아브라함은 이슬람교도들에 의해 중요한 예언자로 인정되고 있다. 두 종교들은 인간에게 자신의 뜻을 전한 신의 사자를 알고 있으며, 또한 무함마드의 계시는 유대교와 유사하게 메카와 메디나에서 율법종교를 형성했다. 그러나 이와 같이 유사점이 많음에도 불구하고 팔레스타인 갈등은 유대교와 이슬람교 사이의 상호존중을 파괴했다. 예루살렘은 이 양자 간의 갈등을 초래한 원인이다. 예루살렘에서 종교적 상징과 실재는 갈등관계로 들어간다. 앞서 이야기한 바와 같이 유대인들에게 예루살렘은 그들의 성전이 두 번이나 건축되고 파괴된 도시이기 때문에 거룩한 곳이다. 마찬가지로 무슬림들에게도 예루살렘은 거룩한 도시가 되었다. 무슬림들에게 예루살렘은 바위 돔 및 예언자 무함마드의 천국 여행과 관련된 그들의 성지이기 때문이다.

3천 년의 역사 가운데 예루살렘 문제는 유대교와 이슬람교 사이에 지속적으로 존재하는 갈등의 요인이 되면서 중동의 평화 정착을 어렵게 만들고 있는 원인이 되고 있다. 하지만 예루살렘은 유대교와 이슬람교의 갈등의 원인이면서 동시에 팔레스타인 갈등의 해결책이 될 수도 있다.

Ⅱ 그리스도교

종교 근본주의와 종교분쟁

그리스도교

그리스도교는 이슬람교와 이슬람 테러리즘으로부터 도전을 받고 있는 서양 문명이 형성되는 데 중요한 역할을 수행해왔다. 현재 전 세계 인구의 3분의 1이 그리스도교에 속해 있다. 전 세계적으로 그리스도교인의 수는 증가 추세를 보이고 있는데 이는 남반구에서 이슬람교 인구와 마찬가지로 그리스도교 인구도 증가하고 있기 때문이다. 여기에서는 상당한 증가세를 보이고 있는 로마 가톨릭교와 전 세계에 걸쳐 바티칸이 행사하고 있는 종교권력, 그리고 이 책의 주제와 관련해 가장 중요한 미국의 그리스도교 근본주의 세력에 관해 살펴보도록 한다.

1 종교와 개신교 근본주의

공관복음에 나타난 예수

세계 그리스도교는 교리의 형태들이 매우 다양하다. 그럼에도 불구하고 그 다양한 교리들을 하나로 묶을 수 있는 것은 그리스도교 경전인 성서와 예수 그리스도라는 인물 덕택이다. 그리스도교는 세계의 대종교들 가운데 한 인물에 가장 많이 의존하고 있는 종교라고 할 수 있다. 그리스도교 교리에 따르면 예수는 참 하느님이며 참 인간이다. 또한 그리스도교의 토대이며 동시에 영혼이다.

그리스도교에서 신, 곧 하느님은 삼위일체적 존재다. 다시 말해서 하느님은 세 가지의 위격들, 곧 아버지(창조주), 아들(예수) 그리고 성령으로 나타나는 유일하고 영원한 존재인 것이다. 또한 그리스도교는 오로지 성서만이 하느님의 말씀을 담고 있다고 말한다. 따라서 성서와 비슷한 권위를 지닌 다른 종교의 경전에는 하느님의 말씀이 담겨져 있지 않다는 것이다. 성서의 기록들을 제외하면 예수가 살아 활동했다는 사실에 대한 자료는 극히 드물다. 그것은 당시 예수의 삶이 그와 동시대적 역사가들에게는 획기적인 사건이 아니었기 때문이다. 그럼에도 불구하고 로마제국에서는 증가하는 그리스도교에 대해 비판적 시각에서 문제를 제기하는 문서들이 등장했다. 이런 문서들을 작성한 학자들로는 로마의 역사가인 푸블리우스 타키투스 Publius Tacitus, 55?~117?와 유대 역사가 플라비우스 요세푸스를 들 수 있다. 그 가운데 요세푸스가 기록한 역사서에 그리스도교들은 다음과 같이 자신들의 서술을 괄호 안에 묶어 첨가하였다.

> 이 시기에 예수, 곧 한 현자가 살았다(만일 우리가 그를 한 인간으로 부르는 것이 허용된다면 말이다). 그는 기적을 일으켰다(그리고 기쁨으로 진리를 받아들이는 사람들의 선생이 되었다). 그는 많은 유대인과 이방인의 마음을 끌었다(그는 메시아였다). …… 빌라도가 상류층에 있는 사람들의 고소로 그를 십자가 위에서 처형하였을 때에도 그를 따르던 이들은 그에 대한 신앙을 버리지 않았다. …… 오늘날까지도 그를 따라 그리스도인이라고 불리는 이들이 끊이지 않고 있다.
>
> 플라비우스 요세푸스, 『아피온 반론』

예수의 삶을 연구하는 시도들은 복잡하다. 왜냐하면 신약성서가 신앙인의 관점에서 쓰였기 때문이다. 그럼에도 「마태복음」(대략 서기 70년 기록된 것으로 추정됨), 「마가복음」(서기 67~69년에 기록된 것으로 추정됨), 「누가복음」(서기 90년 기록된 것으로 추정됨) 그리고 위엄 있는 기독론을 선포하는 「요한복음」은 예수에 관한 중요한 자료가 되고 있다. 신약성서를 연구하는 학자들은 처음에 나오는 세 복음서들의 내용을 토대로 해서 역사적 인물로서의 예수에 대해 더 많은 것을 알아내기 위해 다음과 같은 테제들을 만들어냈다.

> 이 세 복음서들은 소위 공관共觀복음서라고 불리는 것으로서 공통적인 역사 자료들에 근거해서 작성되었다. 이 역사 자료들을 통해 예수가 활동한 자취들이 분명하게 드러나고 있다. 이 세 복음서들에 나타난 예수는 역사적 예수이지 케리그마적, 곧 선포된 그리스도는 아니다. 공관복음서 가운데 「마태복음」과 「누가복음」은 예수의 어록이란 자료를 참고하고 있다. 더 나아가 복음서 기자들이 예수 이야기를 해석한 콘텍스트가 중요한 것으로 드러나고 있다.[1] 공관복음서의 많은 부분이 복음서 기자들의 편집을 통해 이루어진 것이기 때문이다.

「마가복음」에서 나사렛 예수는 메시아에 대한 희망이 증가하는 시대에 등장했다. 「마가복음」 1장에서 예수는 세례 요한을 만나게 되는데 세례 요한은 죄를 용서해주는 속죄세례를 선포했다. 나사렛 예수는 세례 요한이 이끄는 단체에 들어가 그에게 세례를 받았다. 「마가복음」 1장 11절에 따르면 이때 예수는 하늘로부터 음성을 들었다.[2]

> 너는 나의 사랑하는 아들이다. 나는 너를 좋아한다.

이런 하늘의 음성에 따르면 예수는 성령을 선물로 받았다. 그래서 그는 선택되고, 소명을 받고, 선별되었다. 「마가복음」에서뿐만 아니라 「마태복음」 3장 13절에서도 보도되고 있는 하늘의 음성을 통해 예수는 하느님의 아들이 되었다. 예수의 복음은 「누가복음」 10장 27절에 나오는 이른바 이중적 사랑의 계명으로 요약될 수 있다.

> 너는 온 마음과 영혼을 다해, 그리고 네 모든 힘과 생각을 다해 주, 너의 하느님을 사랑하여라. 그리고 너는 네 이웃을 네 자신처럼 사랑하여라.

이런 진술은 「마태복음」의 산상 설교와 「누가복음」의 광야 설교에서 절정을 이루고 있다. 산상 설교와 광야 설교는 예수의 말과 행동의 핵심 내용을 담고 있는 예수의 어록 자료에 그 기초를 두고 있다. 인간이 앞에서 언급한 세례 및 하느님의 아들 됨과 같은 영원한 구원의 진리를 인식하기 위해서는 자신의 이성만을 가지고는 불충분하다. 때문에 하느님은 진리를 파악할 수 없는 인간들에게 성서, 곧 초자연적인 계시를 내려주었다. 하느님의 영감을 통해 성서는 하느님의 말씀이 된다. 가톨릭교회의 제1차 바티칸공의회는 이 점을 특별히 강조하고 있다.

> 교회는 그것(성서)을 거룩한 경전으로 간주한다. 왜냐하면 성서는 인간들에 의해 쓰여진 이후 교회의 권위를 통해 재가된 것이 아니라

전적으로 성령의 감동 아래 쓰여지고, 그 원 저자가 하느님이라고 인정된 상태에서 교회로 넘겨졌기 때문이다.[3]

성서는 유일신론적 종교인 그리스도교를 선포한다. 그리스도교에서 내세우는 하느님은 유일한 신이다. 그리고 하느님은 편재遍在하며 전능한 존재다. 「요한복음」 4장 24절에서 인격적이면서 영적인 존재로 묘사되고 있는 하느님은 다른 신들의 존재를 인정하지 않는 하나뿐인 존재다. 신약성서는 히브리 성서, 곧 구약성서의 신앙에 근거해 있는데 구약성서에서의 하느님은 하늘의 주권자로 인식되며, 신약성서의 진술들도 하느님의 거룩한 위엄을 강조한다. 하지만 그리스도교의 하느님이 유대교의 신과 유사한 면만 있는 것은 아니다. 그리스도교의 하느님은 세 위격들, 곧 아버지, 아들, 그리고 성령을 포괄하고 있다는 점에서 유대교나 이슬람교의 신과 구분된다. 이에 관해 「마태복음」 28장 19절에서는 다음과 같이 서술되고 있다.

그러므로 너희는 모든 민족들에게 가서 그들을 내 제자로 삼아서 아버지와 아들과 성령의 이름으로 그들에게 세례를 주고…….

그리스도교는 이러한 위격을 스스로를 위해 존재하면서 행동의 원인자가 되는 실체로 이해한다. 그러므로 삼위일체론에 따르면 아버지, 아들, 성령은 동일한 신적 실체를 지니고 있으나 서로 구분되며 자율적으로 행동한다고 말한다.

성서에 나타난 그리스도교의 교리

하느님이 세상을 과연 무無로부터 창조하였는가에 관한 물음에도 불구하고 「히브리서」 11장 3절에 따르면 인간들은 믿음을 통해 "세상이 하느님의 말씀으로 창조되고 보이지 않는 것으로부터 보이는 것이 생겨났음"을 깨닫는다. 하느님은 세상의 창조자, 세상 질서의 형성자, 세상 법의 입법자, 그리고 세상의 심판자가 된다. 「사도행전」 4장 24절에 따르면 하느님은 "하늘과 땅과 바다와 그 안에 있는 모든 것을 만든" 창조자다. 하느님의 이런 독특한 활동은 그리스도교를 동방에서 나온 다른 종교들과 구별지어준다. 그리고 이러한 하느님의 독특성은 하느님이 세상을 창조하고, 지키고, 다스린다는 사실을 통해 더욱 두드러진다. 이런 맥락에서 그리스도교적 신정론은 불행과 죄도 선한 것을 이끌어낼 수 있다는 사실을 지적하고 있다. 아담과 하와가 죄를 지음으로 인해 하느님이 인간이 되었다. 곧 하느님이 인간의 모습으로 내려와 예수 그리스도가 된 것이다. 신약성서의 중심적 복음은 하느님의 나라와 구원이 매우 가까이 왔다는 것이다. 특히 모든 그리스도인들에게 가장 중요한 기도인 주기도문은 "하늘에 있는 아버지"를 되풀이하면서 예수가 하느님이라는 사실을 강조하고 있다.

그리스도교 인간관의 근본 전제는 「창세기」 1장 27절에 근거해 있는데 이에 따르면 육체와 영혼을 지닌 인간은 '하느님의 형상' 대로 창조되었다. 여기서 하느님의 형상이란 인간에게 모든 창조물을 다스리는 책임을 위임하고 십계명을 준수하도록 요구하는 하느님과의 관계를 의미한다. 인간 생활의 구체적인 상황에서 형태를 드러내는 죄는 이런 하느님의 형상과 밀접하게 관련되어 있다. 여기서 보편적인 인간의 죄의 문제가 드러난다.

복음서들과 「사도행전」은 예수를 통한 죄의 용서라는 맥락에서 죄의 문제를 다루고 있다. 「마가복음」 2장 17절에서 예수는 "나는 죄인들을 부르러 온 것이지 의인을 부르러 온 것이 아니다"라고 밝히고 있다. 바울의 죄에 대한 이해와 종교개혁자들의 죄에 대한 이해는 차이가 난다. 바울은 신약성서 「로마서」에서 죄를 인격화된 세력으로 이해하는 반면 종교개혁자들은 죄를 불순종과 불신앙으로 해석한다. 여기서 원죄가 언급될 수 있다. 왜냐하면 통상적인 죄는 원죄와 밀접하게 연관되어 있기 때문이다. 구원 종교로서의 그리스도교는 인간들에게 이런 죄의 상태로부터의 해방을 약속한다.

많은 그리스도교 신학자들은 신약성서에서 반反유대교적 성향이 발견된다고 주장한다. 이런 경향은 특히 「마태복음」에서 분명히 발견되고 있는데 「마태복음」 기자는 예수에 대한 소송 과정에서 유대인들과 반대되는 입장을 표명한다. 「마태복음」 27장 24절 이하에서는 이런 소송 과정에 관해 다음과 같이 서술하고 있다.

> 빌라도는 자신이 아무것도 할 수 없다는 사실과 민란이 점차 확대될 것이라는 사실을 깨닫고 물을 가져오게 하여 군중들 앞에서 손을 씻고 이렇게 말하였다. "나는 이 사람의 피에 대하여 책임이 없으니 당신들이 알아서 하시오." 그러자 온 백성들이 이렇게 말하였다. "이 사람의

피는 우리와 우리 자손에게 돌아올 것이오." 그래서 빌라도는 바라바를 놓아주고 예수를 채찍질하고 십자가에 처형하라고 명령하였다.

이 구절들에 근거해볼 때 빌라도는 예수가 나쁜 일을 했다고 생각하지 않았다. 그래서 「마태복음」 기자는 예수 처형의 책임을 유대인들에게 돌렸던 것이다. 롤프 렌토르프Rolf Rendtorff, 1925~는 「마태복음」에만 나오는 "이 사람의 피는 우리와 우리 자손에게 돌아올 것이오"라는 진술을 '큰 잔치의 비유'와 연결시키고 있다.[4]

「누가복음」 14장 16~24절에 나타나는 큰 잔치 비유의 내용은 다음과 같다. 어떤 사람이 큰 잔치를 열고 많은 사람들을 초대했는데 잔치에 초대받은 자들이 오지 않자 주인은 가난한 자들, 눈먼 자들, 그리고 지체장애인들을 잔치에 참여하게 한다는 이야기다. 그러나 유사한 내용을 담고 있는 「마태복음」 22장 2~3절에서는 이 비유가 정치적인 의미를 지니게 된다. 「마태복음」의 본문에서 한 왕이 자기 아들의 혼인 잔치에 사람들을 초대한다. 그런데 초대받은 자들은 왕의 초대를 거절하면서 왕의 초대를 알리려고 온 신하들을 학대하고 죽인다.

그때 임금은 노하여 자기 군대를 보내어 살인자들을 죽이고 그들의 도시를 불살라버렸다.

렌토르프에 따르면 「마태복음」 기자는 서기 70년에 있었던 예루살렘과 성전의 파괴를 회고하면서 이 구절을 서술하였고 이런 파괴를 유대인들에 대한 심판으로 이해했다고 주장한다. 이런 식으로 예수에 대한 심문과정에서 군중들이 이야기한 것, 곧 예수의 피가 자신들에게 돌아올 것이라는 사실이 성취되었다는 것이다.

개 신 교 근 본 주 의

개신교 안에는 미국의 보수적 복음주의에 기초를 두고 있는 근본주의가 존재한다. 보수적인 개신교의 정치화를 추구하는 그리스도교 우파의 정치적이고 사회적인 관계망이 이런 근본주의의 핵심이다. 사회의 근대화 및 사회문화적 자유주의와 대립하면서 그리스도교 우파는 오랫동안 존중되어온 미국적 신앙과 실천을 강조한다. 복음주의적 개신교인들, 특히 전통주의자들은 세속화의 흐름에 대항하여 순수한 개신교적 가치를 위해 자신을 투신하려고 노력한다.[5] 종교와 정치의 관계, 특히 그리스도교 우파와 공화당 당원들의 관계는 부시 정부 들어서 점점 더 밀접해졌다. 미국에서 보수적 복음주의의 운동이 강력해지면서 대외정책적 간섭을 위한 의미 있는 토대가 형성되고 있다.

유럽에서도 빠르게 확산되고 있는 복음주의는 다섯 가지 요소로 구성되어 있다. 곧 성서의 무오류성, 처녀 탄생설, 선택된 자만의 구원, 그리스도의 육체적 부활, 그리고 예수의 재림과 지배가 그것이다. 이것들이 미국 복음주의 그리스도교의 특성이라고 할 수 있는데 유럽의 근본주의 진영에서는 이 다섯 가지 요소들 외에 다원주의와 종교 간의 대화에 대한 비판을 첨가하고 있다. 유럽의 근본주의자들은 기존 대학에서의 신학 교육에 대항하기 위해 바젤에 개신교신학아카데미를 설립했다.

복음주의적 운동에서 주장되는 성서의 무오류성은 근본주의적 성서 이해의 산물이라고 할 수 있는데, '성서 무오류설'에 따르면 성서의 문자 하나하나가 하느님으로부터 영감을 받아 쓰여진 것이라고 한다. 이런 입장은 '근본주의적인 문자주의적 신앙'과 밀접하게 연결되어 있다. 이런 신앙은 '성서가 하느님 자신에 의해 주어지고 쓰여졌다'는 주장과 이어진다.[6] 이런 식으로 해서 근본주의적 성서 해석은 현대적인 역사비평 방법과 대립하고 있다. 또한 근본주의적 성서 해석은 성서의 본래 텍스트를 알아내려는 본문비평과도 대립각을 이룬다. 이런 성서 해석의 특성은 모든 진화론을 거부하면서 성서의 창조 이야기를 옹호하는 창조과학에서도 분명히 드러난다. 미국에서 출발한 창조과학은 종교와 과학 간의 논쟁의 유산으로 유럽에도 적지 않게 퍼져 있다.

우리는 그리스도교 우파적 복음주의를 미국적인 현상이라고 규정할 수 있다. 이는 빌리 그레이엄Billy Graham, 1918~ 목사가 행한 과거 설교들에서 잘 드러난다. 그는 1950년대에 대중매체들을 통해 자신의 설교를 확산시키려고 노력했고 1970년대에는 소위 전자교회를 통해 보다 많은 대중들을 향해 설교했다. 그레이엄의 경우보다 더욱 흥미로운 것은 미국 정치와 연합한 근본주의적 복음주의다. 제리 팔웰Jerry Falwell, 1933~ 목사는 1980년대에 근본주의적 개신교 신자들과 공화당의 신보수주의자들의 연합 단체를 만들기 위해 노력했다. 이 연합 단체는 그 당시 '도덕적 다수Moral Majority'라는 조직과 함께 미국 정치에 영향력을 행사하는 보수적 복음주의자들의 모임이었다. 이 모임에서는 미국에게 부과된 선교의 의무, 곧 전 세계를 향한 선교의 사명을 강조하고 있다. 이런 미국의 선교 사명은 강한 보수주의를 표방하는 소수들의 신조를 형성하고 있다. 그럼에도 이런 선교 요구는 영향력이 상당히 크다. 조지 부시 대통령의 경우도 이 신조를 공유하고 있다. 이런 사실들에 관해 독일의 일간지《쥐트도이체 차이퉁Süddeutsche Zeitung》은 2002년 10월 2·3일자에서 "근본주의적 메커니즘은 권력에 가까이 있는 것이 아니라 권력 안에 있다"고 표현하고 있다.

근본주의적 복음주의는 이미 레이건 행정부 시절부터 정치적인 영역에서 영향력을 행사했다. 레이건 대통령은 '도덕적 다수' 단체의 근본주의 운동과 연합했다. 그는 대통령 선거에 출마했을 때부터 우파적 보수주의 개신교인들로부터 상당한 지지를 받았다. 그리고 보수적 복음주의 지도자들과 설교가들은 그에게 결정적인 영향을 미쳤다. 때문에 그가 내세우는 정책은 보수주의적인 개신교인들의 지원 아래 수행되었다. 독일의 유명한 근본주의적 복음주의자인 베르너 기트Werner Gitt, 1937~는 이렇게 쓰고 있다.

> 레이건은 진화론과 낙태에 반대하고 학교에서 기도하는 것에 찬성했을 때부터 자신이 무엇을 원하는지 알고 있었다. 결국 하느님과 같

은 존재가 그의 모험적인 정책을 실패로부터 막아주었다.[7]

그리고 레이건의 선거 구호는 이런 진술보다 그의 특성을 더 잘 드러내주었다. 미국 복음주의연합의 선거 행사 때 그는 이렇게 선포했다.

> 미국은 자신의 종교적이고 도덕적인 강점들을 잃어버린 것 같다. 그리고 신앙을 잊고 우리를 선하고 위대하게 만들어준 가치들을 상실한 것 같다. …… 그러나 이런 거대한 땅을 선사하신 전능한 존재가 우리에게 자유의지, 곧 하느님 안에서 우리의 운명을 선택할 힘을 주셨다. 미국인들은 오랜 침체의 늪에서 벗어나는 길을 선택했다. 그래서 지금 우리는 자유와 신앙이 다시 살아나는 것, 곧 국가가 크게 갱신되는 것을 목도하고 있다.[8]

이렇게 국가의 상위 영역에서 수행되는 정책이 보수적 복음주의의 이데올로기와 결합되어 있기 때문에 미국의 정책을 표면적으로 이해하는 것은 쉽지 않다. 이는 1983년 당시 소련을 '악의 제국' 이라고 부른 레이건에게만 해당되는 것이 아니라 조지 부시와 그에 의해 규정된 '악의 축' 에도 해당된다. '선은 악에 저항한다' 는 것이 선교 사명을 강조하는 사고의 핵심이다. 그런데 이런 사고가 인류의 근본이념인 자유, 진보, 그리고 정의와 결합하게 되면 위험한 것이 될 수 있다. 하나의 이데올로기적인 정책 수단이 이런 근본이념으로부터 힘을 얻게 되면 선교 사명을 강조하는 사고는 항상 위험한 것이 될 수 있다. 여기서 미국의 개신교 근본주의가 지닌 특성이 드러난다.

2 종교개혁과 자본주의 정신

루터의 종교개혁 저술들

"오늘날의 그리스도교인은 자신의 신앙을 최종적으로 종교개혁의 정신에 비추어 재검토한다."

에마 브루너트라우트Emma Brunner-Traut, 1911~가 제시한 이 명제는 많은 신학자들에 의해 공유되고 있다. 이런 그녀의 명제는 실제적으로 개신교의 두 종파들에 대한 그녀의 재검토로 이어지고 있다. 그녀는 마르틴 루터Martin Luther, 1483~1546의 기본 저술에 관해 개괄한 뒤 그리스도교와 예정론에 관한 장 칼뱅Jean Calvin, 1509~1564의 논의에 관심을 돌리고 있다. 막스 베버는 자신의 저술 『프로테스탄트 윤리와 자본주의 정신Die Protestantische Ethik und der Geist des Kapitalismus』(1905)에서 '종교적 이념들의 상대적으로 자율적인 영향력'이란 관점에서 칼뱅의 예정론을 해석했다. 이 연구에 따르면 칼뱅주의는 자본주의의 역동적 발전에 결정적인 기여를 했다고 한다. 이와 같은 연구 결과에 근거해 보면 우리가 미국에서 성공 사회와 그것의 청교도적인 정치적 팽창의 핵심 패러다임을 볼 수 있는 것은 결코 우연이 아니라고 할 수 있다.

1518년 6월, 로마에서 열리기로 한 루터에 대한 종교재판은 목전에 닥쳐온 황제 선출을 둘러싼 정치적 문제로 인해 1520년 6월에야 비로소 실시되었다. 이로 인해 종교개혁운동은 그 목적을 실현시킬 수 있는 의미 있는 시간을 확보하게 되었다. 이 시기에 루터는 교황의 권위가 오류를 범할 수 있는 공의회의 권위 밑에 있다는 사실을 분명히 지적했다. 더 나아가 루터는 재판이 2년 정도 연기된 덕분에 세 가지의 종교개혁 관련 저술들을 발간할 수 있었다.

그 첫 번째 논문인 「독일 크리스천 귀족에게 고함An den christlichen Adel deutscher Nation von des christlichen Standes Besserung」은 독일 귀족들과 1519년 선출된 황제 카를 5세Karl V, 재위 1519~1556의 권위에 대항했다. 여기서 루터는 다음과 같이 이야기했다.

> 나는 독일 귀족들에게 제시하기 위해 그리스도교인의 지위를 상승시키는 문제와 관련된 몇 가지 성경구절들을 모아보았다. 이 성경구절들에 따르면 하느님은 평신도들을 통해 교회를 도와주시길 원하신다. 또한 많은 권리를 소유하면서도 나태해진 성직자들을 도와주길 원하신다.

두 번째 논문 「교회의 바벨론 포로De captivitate Babylonica ecclesiae」는

로마 가톨릭교회와 피할 수 없는 단절에 관해 이야기하고 있다. 이 논문에서 루터는 교회의 본질적 문제를 다루고 있다. 그는 성례전에 대한 스콜라적 이해, 그것과 결부된 실천, 그리고 교회법을 비판하고 있는 것이다.

세 번째 논문 「크리스천의 자유에 관하여Von der Freiheit eines Christenmenschen」에는 논쟁이 결여되어 있다. 때문에 이 논문은 논쟁적 성격이 강한 두 번째 논문 「교회의 바벨론 포로」와 대조를 이루고 있다. 세 번째 논문의 핵심 내용은 교회적인 오해들을 비판하는 것이 아니라 그리스도교인의 삶을 실현하는 것이다. '그리스도교인은 그리스도를 통해 자유하게 되었으나 동시에 그리스도를 따르는 과정에서 그리스도에게 복종한다' 는 루터의 이중적 테제는 자유 개념의 변증법이라고 할 수 있다. 지금까지 얻어진 모든 종교개혁적 관점들은 이러한 변증법으로 요약될 수 있다. 특별히 마지막 부분에서 루터는 자신의 관점에 대해 다음과 같이 이야기하고 있다.

> 그리스도인은 자기 안에 사는 것이 아니라 그리스도 안에서, 그리고 이웃들 안에서 살아간다. 만일 그렇지 않으면 그는 그리스도인이 아니다. 그리스도인은 신앙을 통해서 그리스도 안에서 살고, 사랑을 통해서 이웃 안에서 살아가는 것이다. 또한 위로는 신앙을 통해서 하느님께 도달하고, 아래로는 사랑을 통해서 이웃에게 이르게 된다. 그렇게 함으로써 그리스도인은 항상 하느님과 그분의 사랑 안에서 살아가게 된다. 이 점에 관해 그리스도께서는 「요한복음」 1장 51절에서

다음과 같이 말씀하신다. "진정으로 내가 너희에게 말한다. 너희는 하늘이 열리고 하느님의 천사들이 인자人子 위를 오르락내리락 하는 것을 보게 될 것이다." 이 구절은 영적이고 참된 자유에 대해 충분히 서술하고 있다. 이런 자유는 우리의 마음을 모든 죄와 율법들, 그리고 계명들로부터 해방시킨다. 이에 관해 바울은 「디모데전서」 1장 9절에서 다음과 같이 말한다. "율법은 의로운 자 때문에 제정된 것이 아니다." 하늘이 땅을 능가하듯이 영적이고 참된 자유는 모든 외적인 자유들을 능가한다. 그리스도는 우리에게 이런 자유를 이해하고 보유하도록 해주셨다.

마르틴 루터, 『종교개혁의 기본문서들Die Reformatorischen Grundschriften』

『기독교 강요』에 나타나는 칼뱅의 교리

루터는 지역교회를 주州 관할의 교회로 바꾸었다. 하지만 루터와 함께 가장 중요한 종교개혁가로 평가받는 칼뱅은 그와는 달리 지역교회, 곧 신도들의 공동체를 새롭게 구축했다. 칼뱅은 설교 이외에 교회법규, 곧 하느님의 계명을 지키는 삶을 중시했다. 이런 사실은 그의 『교회법령Ordonnances ecclesiastiques』(1541)에서, 그리고 『그리스도교 교육』을 비롯한 그의 수많은 저술들에서 분명히 확인될 수 있다. 『그리스도교 교육』은 루터의 『소 요리문답』에 기대어 작성된 것으로 칼뱅은 이를 『기독교 강요Institutio Christianae religionis』라는 이름 아래 종교개혁적 신앙을 체계적으로 정리한 몇 권의 책으로 확대시켰다.

칼뱅의 『기독교 강요』에 따르면 국가는 하느님에 의해 세워진 것이다. 칼뱅에게 국가는 인간의 죄로 인해 성립된 것이며[9] 인간들 사이의 조화로운 공존을 위한 조건이 된다. 그의 견해에 의하면 시민적 질서는 빵과 물, 그리고 해와 공기보다 덜 중요한 것이 아니며, 특히 가치의 측면에서 이것들보다 훨씬 뛰어나다. 또한 칼뱅은 하느님 자신이 국가의 목적을 정했으며, 국가의 수립을 진지하게 고려하지 않으면 심각한 야만상태가 전개될 것이라고 말했다. 이런 맥락에서 칼뱅은 구약성서에 나오는 하느님과 그의 백성들 간의 계약 사상을 언급한다. 인간은 하느님의 권위를 인정함으로써 무조건적인 복종 상태에 들어갈 수 있다. 하느님의 법은 십계명이나 예언자들의 가르침에 나와 있다. 하느님의 법과 연결되어 있는 도덕법은 인간의 내면에 존재하는 것으로서 '믿음', '경건', '사랑'이라고 할 수 있다. 이런 도덕법은 하느님의 뜻과 실정법을 포괄하는 의미의 자연법과 일치한다. 그러나 이것이 사실이라면 모든 경우 개별민족들에게 법을 제정할 자유가 주어졌다고 할 수 있다. 법은 개별민족들에 의해 이용될 때 그들에게 유익을 줄 수 있다. 법은 사랑의 원칙을 지향해야 한다. 그럴 때 법은 외형상 다양한 형태를 띠고 나타나지만 내적으로 동일한 의미를 소유하게 된다.

신학적인 인식과 관련해서 많은 부분 마르틴 루터와 생각을 공유했던 칼뱅은 종교개혁적인 관점에서만은 자립적이고 통일적인 신학 체계를 구축했다.[10] 칼뱅은 루터가 매우 중요하게 생각한 자유를 성서의 말씀에 대한 순종을 위해 포기했다. 칼뱅에게 성서의 말씀은 하느님의 말씀을 의미했기 때문이다. 칼뱅 신학의 또 다른 특성은 칼뱅이 성만찬과 교회법에 관해 논쟁하는 것보다는 '엄격한 의미의 예정론'을 설파하는 것을 더 중시하였다는 데 있다. 루터는 예정론에 그리 큰 관심을 기울이지 않았다. 반면 칼뱅은 예정론을 『기독교강요』의 중심 이론으로 승격시켰다. 예정론의 핵심은 신앙인들이 자신이 하느님으로부터 선택을 받았는지 아닌지를 어떻게 인식할 수 있는가에 있다. 칼뱅 이후 계속된 17세기의 칼뱅주의는 예정론의 세속적인 함의에까지 그 관심을 확장시켰다. 이런 칼뱅주의에 따르면 청교도주의에서 그리스도교인은 직업 활동에서의 축복, 곧 금욕적인 노동으로 인한 성공을 통해서 자신이 하느님으로부터 선택받았음을 확신할 수 있다는 것이다.

프로테스탄트 윤리와 자본주의 정신

예정론만큼 정치에서 종교적 영향력을 강하게 발휘하는 신앙 이론은 거의 없을 것이다. 이에 대해 막스 베버는 자신의 종교사회학적 저술 『프로테스탄트 윤리와 자본주의 정신』에서 청교도적 종교성으로부터 현대 자본주의의 형성에 기여한 특수한 합리적 생활방식이 도출되었음을 지적했다.[11]

『프로테스탄트 윤리와 자본주의 정신』은 세계 내적 금욕주의의 종교적 기초를 설명하기 위해 현대 자본주의의 정신을 살펴보고 있다. 이 연구서에 따르면 자본주의 정신은 유럽과 미국의 역사에서 발전되고 확대된 직업 노동에 관한 특별한 이해를 통해 해명될 수 있다. 자본주의에서 노동은 외적인 목적으로부터 나온 의미가 아닌 윤리적 의무로서의 의미를 지닌 직업이다. 때문에 자본주의 특성에 부합하는 합리적인 생활방식과 직업에 대한 이해가 중요해진다.[12] 베버는 자본주의와 자본주의의 정신은 일반적으로 서로 조응하는 관계에 놓여 있다고 주장한다. 그렇다고 해서 이 양자 사이에 어떤 법적인 의존관계가 존재하는 것은 아니다.

우리가 직업을 통해 이윤을 얻으려고 노력하는 성향을 자본주의 정신이라고 부른다고 해서 큰 문제가 되는 것은 아니다. 왜냐하면 이런 성향은 현대 자본주의적 기업 안에서 자신에게 적합한 활동양식을 찾고, 거꾸로 자본주의적 기업은 이런 성향 안에서 자신에게 적합한 정신적 추진력을 발견하기 때문이다.[13] 우리는 직업의 윤리적인 의미를 소명에서 찾을 수 있는데 베버는 이런 소명을 종교개혁의 산물로 이해한 것이다. 개신교의 소명의 성과는 가톨릭의 경우와는 달리 세계 내적이고 직업적인 노동에 대한 도덕적인 강조와 종교적인 보상이 강하게 증대하였다는 사실에서 발견된다. 종교개혁과 관련된 직업사상이 어떤 방식으로 전개되었는가는 "경건성이 개개의 종교개혁적 교회들에서 어떻게 전개되었는가"[14]에 달려 있다. 이런 전개과정을 통해 금욕적인 개신교 직업윤리가 형성된 것이다. 베버는 칼뱅주의가 이런 직업윤리 형성을 주도하였다고 주장한다. 자본주의적으로 발전된 문화국가 안에서 칼뱅주의자들은 자신의 신앙을 지키기 위해 정치적·문화적으로 투쟁했다. 여기서 우리는 세계정치가 지니고 있는 종교적 차원을 발견할 수 있다.

이런 맥락에서 막스 베버는 예정론의 핵심인 '은총의 선택'이란 교리에 관해 언급한다. 이 교리에 따르면 모든 인간은 자신이 하느님으로부터 선택된 존재인지를 관찰할 의무를 갖는다. 이런 교리가 지닌 세속적인 함의는 모든 인간이 꾸준한 직업 노동을 통해 자신이 하느님으로부터 선택된 존재라는 확신에 도달할 의무를 갖는 것이다. 칼뱅주의는 구원을 얻기 위해 사용되는 모든 성례전적 수단을 거부했다. 이런 성례전적 수단들을 통해서는 시간을 신앙적으로 의미 있는 것으로 만들 수 없었다. 죄, 후회, 회개, 해방, 새로운 죄로 이어지는 가톨릭적인 순환과 교회적인 은총의 수단들을 통해 삶을 채우는 방식은 거론될 수 없었다. 일상인의 윤리적 실천은 무계획성과 비체계성을 벗게 되어 일관적인 삶의 양식으로 구조화되어 갔다. 삶의 의미를 근본적으로 변화시킬 때에만 하느님의 은총을 보존할 수 있었다. 칼뱅주의의 사회적 노동은 하느님의 위대한 영광 안에서의 노동이다. 윤리적 삶의 양식의 체계화, 그리고 기업의 합리적 성격에 비교될 수 있는 이런 체계화의 합리적 성격은 삶에 대한 계획적인 규제로 귀결된다. 이런 합리화는 종교개혁적 경건성에 금욕주의적 성격을 부여했다.[15]

칼뱅주의는 가톨릭교회의 신앙과 대조를 이루었을 뿐만 아니라 루터교회의 신앙과도 분명히 구분되었다. 하느님의 은총이 회개를 통해 항상 다시 주어질 수 있다는 루터교적 신앙[16]은 꾸준한 직업 노동을 통해 도달될 수 있는 칼뱅의 청교도적 자기 확신과 대조된다. 여기서 베버는 독일인들의 감상적인 종교성과 칼뱅주의의 세계 내적 금욕주의에 근거를 둔 영국인들의 자의식 사이에 존재하는 커다란 차이점을 발견한다. 영국은 우연히 자본주의적 산업혁명의 근원지가 된 것이 아니다. 경제적인 계기와 종교적인 계기가 공동으로 시민적 경쟁 사회의 발전을 추동했다. 칼뱅주의는 자신의 금욕적인 특성을 통해 자본주의 정신과 결합되었다. 이윤과 부富는 나태와 방탕에 이른 경우에만 도덕적인 비난을 받게 된다. 반면 직업적 성취로부터 생겨난 이윤과 부는 하느님에 의해 주어진 것이 될 수 있다. 그러므로 고도의 금욕적 수단이며 동시에 중생한 인간의 가장 확실한 표징이 되는 꾸준하고, 연속적이고, 체계적이고, 세속적인 직업노동에 대해 종교적으로 그 가치를 인정하는 것(베버는 이를 자본주의 정신이라고 부른다)은 이런 삶의 이해를 폭발적으로 확산시키는 동력임에 분명하다. 세계 내적인 개신교적 금욕은 "소유를 자연스럽게 즐기는 경향에 강하게 저항하고 소비, 특히 사치를 규제한다. 반면 이런 금욕은 재화 획득과 이윤 추구를 합법화할 뿐만 아니라 이것들을 하느님이 원하는 것으로 간주함으로써 재화 획득에 대한 전통주의적인 윤리의 규제를 제거해주고 이윤 추구에 대한 억제의 사슬을 끊어버린다."[17]

3 글로벌 신앙권력으로서의 바티칸

성서에 나타나는 교황제도의 토대

세계 정치에서 거대종교들이 행사하고 있는 권력은 로마 가톨릭교에서 분명히 확인될 수 있다. 10억 이상의 신도들이 속한 가톨릭교는 오늘날 최대의 그리스도교 종파다. 가톨릭교의 신도들 가운데 3분의 1 정도만이 유럽인이며, 현재는 남미, 아프리카, 그리고 아시아가 가톨릭교의 새로운 중심지가 되었다. 이들 지역의 인구가 급증함에 따라 가톨릭교의 신도 수도 빠른 속도로 증가하고 있다. 20년 뒤에는 브라질, 멕시코, 필리핀 등이 미국 다음으로 가톨릭교 신도 수가 많은 나라들이 될 것이다. 물론 이런 나라들에 존재하는 가톨릭교 신도들이 지닌 종교성은 교회적인 순화과정을 거쳐야만 할 것이다. 오늘날 로마 가톨릭교회는 세계적인 교회가 되었다. 근본주의에 대해 면역성이 없는 바티칸은 중진국과 개발도상국에서 새롭게 형성되고 있는 교회적 신앙에 간섭해야만 하는 위치에 있다. 로마 가톨릭교와 바티칸에 대해 알기 위해서는 우선 교황제도와 바티칸공의회에 대해 살펴보아야 할 것이다.

'사도 베드로로부터 직위를 물려받은 교황은 그리스도의 대리자이며, 교회의 가장 높은 권위를 지니고 있다'는 교리는 로마 가톨릭교에서 가장 중심적인 교리 중 하나다. 이 교리는 「마태복음」 16장 18~19절에 근거하고 있다.

> 너는 베드로다. 그리고 나는 이 반석(그리스어로는 petros) 위에 교회를 세울 것이다. 죽음의 세력이 그것을 이기지 못할 것이다. 나는 너에게 하늘나라의 열쇠를 줄 것이다. 네가 땅에서 매면 하늘에서 매일 것이고 네가 땅에서 풀면 하늘에서도 풀릴 것이다.

이와 비슷한 진술은 「마태복음」 18장 18절에도 나온다. 여기서는 베드로를 비롯한 예수의 모든 제자들이 매고 풀 수 있는 능력을 얻게 된다. 또한 「요한복음」 20장 21~23절은 다음과 같이 기록하고 있다.

> 예수께서 그들(제자들)에게 다시 한번 말씀하였다. "아버지께서 나를 보내신 것과 같이 나도 너희를 보낸다." 이렇게 이야기하신 후에 숨을 내쉬며 말씀하셨다. "성령을 받아라! 너희가 누군가의 죄를 용서하면 그의 죄가 용서될 것이고, 너희가 누군가의 죄를 용서하지 않으

면 그의 죄가 그대로 남아 있을 것이다."

「마태복음」 18장 18절에 나오는 예수의 말과 방금 위에서 인용된 「요한복음」의 구절에 따르면 그리스도의 대리자는 본래 열쇠의 권한을 소유한 모든 사도들과 그들의 후계자들인 감독들이다.[18] 그러나 이러한 성서 해석은 제1차 바티칸공의회를 통해 수정되어 교황만이 그리스도의 대리자가 되었다. 그래서 신적인 구원자가 교회에 제공하길 원했던 무오류성은 교황에게만 주어졌던 것이다. 이로부터 모든 성례전들의 유일한 집행자인 교회의 위계질서가 생겨나게 되었다. 이런 교황 무오류성에 대한 반발로부터 교회 일치적인 방향성을 지닌 가톨릭 개혁교회라고 할 수 있는 고古 가톨릭교회가 발생했다.

비오 시대와 제1차 바티칸공의회

비오Pius라는 이름을 가진 네 명의 교황들, 곧 비오 9세재위 1846~1878, 비오 10세재위 1903~1914, 비오 11세재위 1922~1939 그리고 비오 12세재위 1939~1958는 교황의 역사에서 하나의 통일체를 이루고 있다. 이 네 명의 교황들은 통치 스타일에서는 각각 차이를 보이고 있지만 교황의 재판권과 수위권首位權을 강조하고, 자유로운 계몽주의적 성향을 띤 문화적 모더니즘에 반대하는 신스콜라신학을 내세웠다는 데서 공통점을 지닌다.[19] 그들에 따르면 최고기관으로서의 바티칸은 교회의 방향성을 설정하고 그 정해진 방향성을 관철시켜야만 한다. 바티칸의 이런 권한은 교황 비오

9세가 소집한 제1차 바티칸공의회1869~1870에 근거한다. 비오 9세는 1864년 회칙 『대단한 관심Quanta cura』을 발간했다. 그는 이 회칙의 부록인 「오류의 목록Syllabus errorum」에서 계몽주의적 사고와의 타협을 거부하면서 당대의 80가지 오류들을 지적했다.

제1차 바티칸공의회는 교회 내부의 대립 상황에 직면해 있었다. 이런 대립 상황은 무엇보다도 교황 무오류성을 정의하는 문제를 둘러싸고 심화되었는데 그 핵심 쟁점은 교회와 모더니즘 혹은 자유와의 관계를 설정하는 것이었다. 교황 무오류성을 둘러싼 대립은 공의회의 초반부터 존재했지만 결국 무오류성을 옹호하는 측이 승리를 거두었다. 공의회는 교황 무오류성을 전체 교회의 합의에 근거해서 확정하자는 소수파의 요구를 수용하지 않고 비오 9세를 옹호하는 다수파의 요구를 들어주었다. 공의회는 교황 무오류성을 하느님에 의해 계시된 교리로 확정했다.

> 로마 교황이 교황좌에서 말할 때, 곧 그가 모든 그리스도인들의 목자와 교사로서 자신의 사도적 권위를 가지고 신앙 및 도덕에 관해 결정을 내릴 때 그는 무오류성을 갖는다.
>
> 주세페 알베리고, 『공의회의 역사Geschichte der Konzilien』

제1차 공의회가 끝나고 8년이 지난 후, 교황 직에 오른 레오 13세 Leo XIII, 재위 1878~1903는 회칙 『영원하신 아버지Aeterni Patris』에서 성 토마스 아퀴나스Thomas Aquinas, 1225?~1274를 변호하기 위해 노력했다. 그러나 레오 13세에 이어 교황이 된 비오 10세의 주위에는 매우 보수적인 인물들이 존재했다. 비오 10세는 그들과 함께 모더니즘에 저항했다. 그는 자신의 회칙 『주의 양떼를 먹임Pascendi dominici gregis』에서 모더니즘을 '모든 이단들이 모여 있는 통'이라고 표현했으며,[20] 이로부터 3년 후 칙서 『모더니즘에 대한 반대서약Sacrorum antistitum』을 발간했다. 여기서 그는 상담이나 교육에 종사하는 사제들에게 이른바 안티 모더니스트 서약을 의무화했다. 이 서약의 첫 부분과 끝 부분은 다음과 같다.

> 나는 오류가 없는 교회의 교육직에 의해 결정되고, 정립되고, 해명된 모든 것들, 특별히 현 시대의 잘못에 직접적으로 반대하는 교회의 중심 교리들을 받아들일 것이다. …… 나는 이 모든 것들을 충실하게 준수하고 온전하게 보존할 것을 서약한다. 그리고 교리의 형태 혹은 말과 문자의 형태로 되어 있는 그것들로부터 결코 벗어나지 않을 것을 서약한다. 나는 하느님과 하느님의 성스러운 복음 앞에서 서약하고 맹세한다.

이로써 가톨릭교의 근본주의는 분명한 꼴을 갖추게 되었다.

교황 비오 11세와 비오 12세는 파시즘, 스탈린주의적인 공산주의, 나치즘과 직접 대립했다. 학자 출신인 비오 11세는 1925년 탈교회화와 전체주의적인 대중 운동에 맞서서 '가톨릭 행동'이란 단체를 조직했다. 이 단체는 그리스도교적인 도덕적 각성 운동을 전개했지만 별다른 성과를 거두지는 못했다. 비오 11세는 또한 1937년 나치즘과 공산주의에 반대하는 두 회칙들을 발간하기도 했으나 교회적인 문제에만 관심을 집중시켰던 그의 후계자들과 마찬가지로 비오 11세 역시 현실 정치를 고려하지 못했다는 한계를 지닌다.[21]

비오 12세는 자신과 다르게 사고하는 신학자들을 강하게 공격했다. 성모 마리아의 열렬한 찬미자인 그는 1942년 가톨릭 신앙이 지니고 있는 마리아의 마음과 같은 순수성을 지키고자 했다.[22] 1944년에 나온 회칙 『신비체Mystici corporis』에서는 교회를 초월적이고 천상적인 실재, 곧 그리스도의 신비스러운 몸으로 묘사했다. 한편 교회에 대한 자신의 의무를 넘어서 사회적인 문제에도 관심을 가졌던 그는 교회 안에 한정된 보수적인 로마 중심주의에 반대하면서 민주주의를 인간에게 적합한 사회질서로 간주했다.[23]

나치즘과 바티칸의 침묵

나치즘에 대한 교황 비오 11세와 12세의 태도, 특히 수백만 명의 유대인 학살에 대한 그들의 침묵은 강한 비판을 불러일으켰다. 이에 관해서는 보충적인 설명이 필요하다.

교황 비오 11세는 재위 당시 두 가지 조약을 체결했다. 하나는 1929년 무솔리니와 맺은 라테란조약이고, 다른 하나는 1933년 히틀러와 맺은 정교조약이다. 이 조약에서 바티칸이 중요하게 생각한 것은 정치 체제들의 정당성이 아니라 교회의 이해관계였다.[24] 두 조약은 바티칸에게 정치적인 중립성을 견지할 의무를 지웠다. 이런 의무는 교황의 침묵 아래 즉시 문서화되었다.

1938년 3월 독일 제국과 오스트리아가 합병된 후 유대인에게 대대적인 폭력이 가해졌다. 그로 인해 프랭클린 루스벨트Franklin Roosevelt, 재임 1933~1945 미국 대통령은 같은 해 7월 국제회의를 소집했다. 이 회의에서 32개국의 대표들은 며칠 동안 주변국들의 '유대인 망명자들을 받아주는 문제'에 관해 논의했으나 별다른 성과를 거두지 못했다. 이때 교황은 이 국제회의에 대해 지지의 표시를 하지 않았다.

교황이 어떤 이유에서 이 회의를 지원하지 않았는가에 대해 그 당시 세 가지 이유가 제시되었다. 첫째는 로마 가톨릭 내부에 반反유대주의가 존재했기 때문이며, 둘째는 교황 비오 11세가 1938년 여름에 이미 중병에 걸려 대외적 활동이 어려웠기 때문이다. 셋째는 교황이 바티칸은 다른 국가들처럼 하나의 국가로서 회의에 참여할 수 없다는 바티칸의 원칙을 주장했기 때문이다.

반유대주의가 확대되었을 때 미국 예수회 소속 존 라파즈John LaFarge는 비오 11세의 지시로 1938년 가을에 나치즘에 반대하는 회칙『인류의 통일성Humani generis unitas』을 발간했다. 이 텍스트는 신학적인 근거들에 입각해서 나치즘적인 인종주의와 반유대주의에 반대했다. 그러나 동시에 이 회칙은 역사적으로 유대교가 예수를 메시아로 인정하지 않았다는 점을 들어 신학적 반유대주의를 옹호해 나치즘이 유대인 학살을 스스로 정당화하는 데 도움을 주었다.

비오 12세는 전임자 비오 11세 당시 교황청 국무성성國務聖省 장관이자 교황의 심복이었다. 사정이 이렇다 보니 사람들은 비오 12세가 국제 문제와 관련해서 비오 11세와 별반 다르지 않을 것을 이미 예견했다. 1939년 3월 프라하가 독일에 의해 점령되고 체코의 나머지 지역들이 합병되었을 때 비오 12세는 폴란드에 대한 독일의 침략을 덮어주기 위해 이런 점령과 합병에 대해 소극적인 외교대응으로 일관했다. 또한 독일이 1940년 벨기에, 룩셈부르크, 네덜란드를 침략하였을 때도 동일한 반응을 보였다. 세계의 여론은 비오 12세로부터 강력한 항의가 나올 것이라고 기대했지만 그는 영국으로 망명한 세 정부들에게 개인적으로 애도의 뜻을 표하는 전보만을 보냈다.

바티칸은 교황의 침묵을 엄정한 중립성의 정치로 지칭했다. 이런 중립성의 정치는 1940년 6월 무솔리니가 프랑스와 영국에 대해 전쟁을 선포했을 때도 그대로 재현되었다. 그러던 중 1942년, 유럽의 유대인들이 동쪽으로 가서 살해되고 있다는 정보가 사실이라는 것을 바티칸도 확인했다. 이에 비오 12세는 진실에 대한 자각이 세상을 이기는 힘이라는 것을 선언했다. 바티칸의 대사들을 비롯한 많은 정치가들은 교황에게 유대인 집단 학살에 대해 공식적인 유죄 판결을 내릴 것을 요청했다. 1942년 12월에 미국, 영국, 소련은 공개적 성명을 통해 유대인 학살을 강력하게 비난하며 교황에게 자신들을 지지해줄 것을 요청했다. 그러나 비오 12세는 이런 요청조차도 거부했다. 독일의 극작가 롤프 호흐후트Rolf Hochhuth, 1931~의 작품 〈대리인〉은 이런 사실을 폭로하고 있다.

제 2 차 바티칸공의회

교황 요한 23세Joannes XXIII, 재위 1958~1963와 그에 의해 소집된 제2차 바티칸공의회1962~1965를 통해 로마 가톨릭교회에 새로운 시대가 열리게 되었다. 요한 23세는 공의회와 독립적으로 1963년 4월 평화에 관한 회칙 『지상의 평화Pacem in terris』를 발간했다. 이 회칙은 이전의 다른 회칙들과 달리 가톨릭 신자들만이 아니라 선한 뜻을 가진 사람들 모두를 그 대상으로 했다. 이 회칙에 따르면 세계 평화는 인간의 존엄성을 존중하고 인권을 향상시킬 수 있는 정치적 질서에 의존되어 있다. 이런 사고는 1962년 11월 제2차 바티칸공의회에서 그가 행한 개막 연설에서 그대로 드러난다. 요한 23세는 마치 우리가 과거의 유물에만 신경을 쓰는 것처럼 공의회가 신앙만을 가치 있는 것으로 여기지 말 것을 주문했다. 나아가 그는 "우리는 열정을 가지고 두려움 없이 오늘의 시대가 요구하는 과제들을 수행하는 데 헌신해야 한다"고 주장했다.

요한 23세에 따르면 원자력과 우주의 시대에 사는 현대인은 우주공간을 거의 무한하게 만들고 있고 인간들 사이의 경계들도 약화시키고 있다. 그는 이러한 시대에 인간의 존엄성을 보존하는 일이 중요하다고 주장했다.[25] 그러므로 교회는 인간들 사이에 존재하는 차이점보다는 공통점에 주목해야 한다는 것이다.

제2차 바티칸공의회는 교회 개혁에 관한 신학적이고 실천적인 구상을 내놓았다. 여기서는 이 구상 가운데 전체주제와 관련된 사항들만을 언급하고자 한다.

제2차 공의회는 모더니즘이 지닌 자유와 합리성을 비판적으로 수용했다. 이로 인해 자유와 합리성의 차원을 거부하면서 신新스콜라주의를 관철시키려고 했던 제1차 공의회와 대조를 이루었다. 제2차 공의회의 중요한 신학적인 특징은 그리스도 중심주의에 있었다. 제2차 공의회가 내세운 하느님의 계시에 관한 교리는 다음과 같이 구성되어 있다.

> 말씀이 육화肉化된 존재로서의 예수 그리스도는 …… 아버지 하느님께서 자신에게 위탁하신 구원활동을 완성했다. …… 그는 자신의 존재와 현현顯現을 통해, 말과 행동을 통해, 표징과 기적을 통해 그리고 무엇보다도 자신의 죽음과 부활을 통해 …… 계시를 성취하고 완성시켰다. 그리고 그는 증언을 통해 우리를 죄와 죽음의 그늘로부터 해방시켜 영원한 생명에 도달하게 하기 위해 하느님께서 우리와 함께 하신다는 사실을 확인해주었다.

공의회 문서는 위와 같은 계시로부터 인간의 신앙과 하느님 계시의 계속적 제시로 나아가고 있다. 특히 공의회 문서는 '기록되거나 전승된 하느님의 말씀을 설명하는 과제는 예수 그리스도의 이름으로 전권을 부여받은 살아 있는 교회의 임무'[26]라는 사실을 강조하고 있다.

공의회는 교회와 그리스도교 이외의 다른 종교들 사이의 관계를 해명하는 부분에서 그때까지 언급되지 않았던 다른 종교단체와의 대화를 강조했다. 그리고 유대인과 그리스도인 사이의 적대관계를 단번에 청산해버린 요한 23세는 다음과 같이 언급했다.

이 성스러운 종교회의는 교회의 비밀을 숙고하면서 새로운 계약의 민족이 아브라함의 자손들과 영적으로 맺어진 인연을 기억하고 있다. …… 유대의 지도자들이 자신의 추종자들과 함께 예수를 처형하였음에도 불구하고 우리는 예수가 당한 고통에 대한 책임을 그 당시에 살았던 모든 유대인이나 오늘의 유대인에게 지울 수 없다.[27]

이는 가톨릭교회의 반反유대주의에 대한 명백한 거부였다.

세계 안에서의 사목 활동에 관한 공의회 문서는 다른 모든 공의회 문서들보다 훨씬 더 공의회 자체에 기원을 두고 있다. 이 문서는 종교의 자유에 관해 설명하는 부분에서 미리 준비된 초안과 다르게 작성되었다. 바티칸은 교회가 구체적인 인간과 연대하고 있고 현실의 문제에 관한 인식을 갖고 있다는 사실을 증언했다. 이런 맥락에서 공의회는 교회가 시대의 징조를 읽어내고 복음의 빛에서 시대를 해석할 의무를 갖고 있다는 점을 강조했다. 공의회는 교회가 과학 기술의 발전에 대해 책임 있게 행동해야 한다고 지적했다. 나아가 교회는 특히 아프리카를 비롯한 남반구에 속한 나라들에 대해 책임을 져야 한다고 주장했다.

인류는 오늘날처럼 많은 부와 경제력을 소유하고 많은 가능성을 지닌 적이 없었다. 그럼에도 불구하고 아직도 많은 지역에서 굶주림과 가난으로 고통받고 있고 무수히 많은 문맹자들이 존재한다. 인간들이 오늘날처럼 자유에 대한 의식을 강하게 가진 적이 없었다. 그럼에도 불구하고 오늘날에는 새로운 형태의 사회적이고 심리적인 노예화가 진행되고 있다.[28]

제2차 바티칸공의회는 바티칸이 그동안 수행하지 못했던 교회의 근본 과제들을 제시한 것이다.

요한 바오로 2세 시대의 바티칸

바티칸이 자신의 여러 과제들을 인식했지만 정작 그것들을 거의 해결하지 못했다는 사실은 상대적으로 오랫동안 교황직을 수행했던 요한 바오로 2세Joannes Paulus II, 재위 1978~2005의 경우에서 분명히 확인된다. 그는 자신이 펴낸 사회회칙 『백주년Centesimus Annus』에서 자본주의에 대해, 그리고 개발도상국들의 구조적인 종속상태에 대해 비판했다. 또한 그는 이러한 종속상태를 해결하기 위한 방안들을 제안하기도 했는데 이런 방안들은 완고한 전통주의자들도 수용할 만한 것들이었다. 요한 바오로 2세는 남미, 아프리카, 아시아 등을 수차례 방문하면서 이들 지역에서 경제 성장과 빈곤의 확대가 동시적으로 이루어지는 것을 목격했다. 이런 현상은 경제의 성장이라는 열매가 빈곤 계층에게는 전달되지 못한다는 사실을 보여준다. 그럼에도 불구하고 교황이 개발도상국에서 피임에 반대하는 캠페인을 전개함으로써 빈곤의 확대에 일조했다는 사실은 우리를 더욱 놀라게 했다.[29] 가톨릭교회의 이런 새로운 중심지들에서 바티칸의 국제적 신앙 권력이 부정적인 방식으로 드러나고 있는 것이다.

한편 요한 바오로 2세는 정치적이고 사회적인 문제에 많은 관심을 가졌는데, 이런 그의 성향은 폴란드 공산주의 정권에 대한 그의 경험에서 비롯된 것이라고 볼 수 있다. 폴란드 크라코프 대주교로서, 그리고 1978년 이후에는 교황으로서, 그는 공산주의가 붕괴할 것이라는 확신을 가지고 폴란드의 자유노조이자 국민운동 단체인 '연대'를 도덕적으로 지원했다. 자유노조에 대한 지원을 경험하고, 신앙 안에서 굳게 닫힌 폴란드 교회를 경험하면서 그는 바티칸도 엄격한 지도력이 필요하다는 확신을 갖게 되었다. 세상에 대한 사회적 책임을 수행하는 교회를 만들기 위한 교황의 헌신과 신앙적 봉사활동으로서의 세계 순방 뒤에는 자신의 권위가 지닌 한계를 분명히 하는 교황의 보수성이 숨겨져 있었다.[30] 대중매체를 의식하는 교회 지도자로서 교황은 유엔 총회에서 바티칸을 위해 연설했다. 그리고 카사블랑카 경기장에 모여 있는 이슬람 청소년들 앞에서는 이슬람교와의 대화를 강조했다. 그러나 이런 카리스마적인 로마의 교황 뒤에는 그의 권력 지향성이 숨어 있었다.

요한 바오로 2세 시대의 바티칸이 세계 정치에서 중요한 역할을 수행했다는 사실은 1984년부터 시작된 미국과 바티칸의 외교관계에서 분명히 확인될 수 있다. 전 미국 국무장관 콜린 파월Colin Powell,

1937~은 양국이 외교 관계를 맺은 지 20년이 되는 2004년 4월에 바티칸이 국제적 영역에서 미국의 생각과 행동을 공유할 것을 요구했다. 그리고 이런 생각과 행동이 양국 간의 특별한 파트너십을 만들어낼 것이라고 강조했다. 파월은 이를 계기로 양국은 동일한 목표, 곧 '자유, 정의, 종교적이고 인종적인 관용, 사회적이고 경제적인 발전의 확대'를 지향하게 되었다고 주장했다. 또한 이런 공통의 가치를 추구하면서 사람들은 미래에도 인간 존엄성을 증진시키는 특별한 파트너십을 구축하게 될 것이라고 전망했다.[31] 2003년 이라크 전쟁이 시작되었을 때 바티칸은 부시 행정부에 대항했다. 아프가니스탄 전쟁은 탈레반 정권과 오사마 빈라덴의 알카에다 조직을 겨냥한 것으로 뉴욕과 워싱턴에서 발생한 이슬람 테러에 대한 미국의 보복 전쟁이었다. 이런 의미에서 아프가니스탄 전쟁은 미국의 자기 방어적 성격의 전쟁이라고 볼 수 있다. 그러나 이라크 전쟁은 바티칸에게 인류의 패배를 의미했다.

요한 바오로 2세는 공식적인 종전 선포 후에 미군과 유럽군이 투입된 것은 이슬람 테러단체의 위협으로부터 이라크를 보호하기 위한 불가피한 조치라고 판단했다. 이런 사실을 염두에 두면 바티칸이 2004년 3월 11일 마드리드에서 발생한 테러사건에 대해 조심스럽게 반응하고 이라크에 투입된 군대를 철수하라는 유럽 전역의 요구를 지지하지 않았던 것은 그리 놀랄 만한 일이 아닐 것이다. 이 사건에 대해 교황은 자신에게 속해 있는 선교 기관이 다음과 같은 성명을 내는 방식으로 대응했다.

> 확실히 우리는 이라크 전쟁을 반대한다. 그러나 우리는 동맹의 존재가 그 나라에 유익하다는 사실을 시인해야 한다.[32]

이 성명은 수니파와 시아파의 테러가 상존해 있는 이라크에서 군대를 철수시키는 것은 '엄청난 정치적 과오'가 될 것이라고 지적했다. 요한 바오로 2세와 바티칸은 이런 철수 대신에 유엔이 투입된 군대를 자신의 지휘 아래 두면서 이라크를 더 강력하게 편입시키는 방안을 제안했다.

4 미국: 그리스도교 우익과 이슬람 테러리즘

9·11 테러의 참상

2001년 9월 11일 자국 내에서는 어떤 공격도 감행될 수 없다고 여겨왔던 미국의 세계무역센터와 국방부 청사가 테러를 당했다. 당시 여객기 4대가 이슬람 테러리스트들에 의해 피랍되었는데 이 가운데 두 대는 세계무역센터와 충돌했고, 한 대는 국방부 청사와 충돌했다. 나머지 한 대는 아직도 밝혀지지 않은 목표물을 향해 비행하던 중 공중에서 격추됐다.

맨해튼에 있는 세계무역센터 남쪽 건물은 비행기와 충돌한 뒤 약 9분 만에 붕괴되었으며, 북쪽 건물은 2시간 만에 완전히 붕괴되었다. 세계무역센터 건물 내에 있는 사람들뿐 아니라 납치 비행기 승객들, 소방대원들, 국방부 청사에 있던 사람 등 2천여 명이 넘는 많은 사람들이 목숨을 잃었다. 이 사건으로 인해 미국이 안전하다는 과거의 환상은 깨져버렸으며, 미국인들은 회복될 수 없는 커다란 충격을 받게 되었다. 세계무역센터는 형체도 없이 산산히 무너졌고, 국방부 청사의 일부가 화염에 휩싸였다. 또한 사건이 발생하자 백악관에 있던 사람들은 모두 대피했고 주변의 공항들은 폐쇄되었다. 이런 장면들은 롤런드 에머리히Roland Emmerich, 1955~의 영화 〈독립기념일Independence Day〉의 '바다로 추락하는 자유의 여신상'의 모습을 연상케 했다.

미국은 오랫동안 이슬람 테러의 표적이 되어왔다. 그러나 그동안 9·11 테러만큼 심각한 타격을 입힌 테러는 없었다. 레바논에서의 폭격, 케냐와 탄자니아의 미 대사관 공격, 미국인 납치, 1993년 세계무역센터에 대한 자동차 폭탄테러 등과 같은 미국인들을 겨냥한 테러들이 간혹 발생했지만 곧 바로 수습되었다. 그러나 9·11 테러의 경우 전쟁과 다름없는 엄청난 위력의 테러였기 때문에 미국 사회는 커다란 타격을 받았다. 비록 미국이 미국적인 삶의 양식, 곧 미국적인 민주주의 규범들과 원칙들을 전 세계에 이식하는 과정에서 적지 않은 적들을 만들어왔다고는 하지만 이런 형태의 테러는 결코 용납될 수 없는 것이었다.

하느님의 국가

9·11 테러에 대한 미국의 군사적 보복을 제대로 이해하기 위해서 우리는 미국의 몇 가지 전통들을 살펴볼 필요가 있다. 미국에는 신앙과 정치의 통일체로서의 그리스도교적인 공동체가 형성되어 있다. 때문에 미국은 '교회의 정신을

소유한 나라' [33]라고 할 수 있다. 이런 전통은 청교도적 이주민들에게서 기원한다. 이들은 선민의식을 지닌 이스라엘 사람들과 유사하게 새로운 개척지를 '선택된 민족'에게 주어진 약속의 땅으로 간주했다. 뉴잉글랜드의 거주자들은 미국이 하느님의 국가라는 자부심을 갖고 있었다. 이 지역의 첫 거주자들은 그 뒤의 이주자들처럼 청교도주의를 확산시킨 신앙심이 투철한 칼뱅주의자들이었다. 오늘날까지도 미국적인 자의식과 하느님이 원하는 선교 사명에 관해 이야기하는 문서들이 발견되고 있다. 이주 첫 세대부터 시작된 종교적인 사고와 정치적인 사고의 긴밀한 결합은 미국 전통의 핵심을 이루고 있다. 이런 사실로부터 한편으로는 종교의 정치화가 해명될 수 있고, 다른 한편으로는 널리 선전된 정치의 도덕화가 설명될 수 있다.

교회의 정신을 소유한 나라라는 이념 외에도 미국의 역사를 관통하는 몇 가지 개념들이 존재한다. 그 중의 하나가 미국의 신조다. 이 신조는 건국의 종교적 기원과 헌법, 그리고 이질적인 민족들을 묶어주는 기능을 수행하는 공화국의 원리들에 대한 믿음을 가리킨다. 미국의 역사를 지배하는 또 하나의 개념은 '미국적 민주주의'라는 종교적 의미를 지닌 명칭이다. 미국에서 정치와 민주주의는 종교를 통해 하나가 된다. 때문에 민주주의적 신앙은 민주주의에 대한 믿음뿐만 아니라 미국 종교가 민주주의를 신장시키는 역할을 하고 있다는 사실에 대한 믿음도 포함한다. 남북전쟁 이후 링컨의 연설에서 민주주의의 초월적인 의미가 명확히 드러났다. 그리고 멜빌Herman Melville, 1819~1891, 휘트먼Walt Whitman, 1819~1892, 에머슨Ralph Emerson, 1803~1882과 같은 19세기의 유명한 작가들은 '아메리카' 라는 개념에서 국가적인 차원보다는 도덕적이고 종교적인 차원을 발견했다. 이 작가들은 미국적인 민주주의를 '전 인류를 위한 하느님의 구원 작품 가운데 하나' [34]로 간주했다. 이와 매우 유사하게 아이젠하워David Eisenhower, 재임 1953~1960 대통령 시절 국무장관을 지냈던 존 포스터 덜레스John Foster Dulles 1888~1959도 다음과 같이 지적했다.

> 오직 미국만이 인류에게 더 뛰어나고 부유한 삶을 위한 민주주의의 길을 보여줄 수 있었다. 이런 사실을 널리 전하는 일은 항상 우리 앞에 놓여 있었다. …… 세계 선교는 우리의 중심 과제였다.
>
> 존 포스터 덜레스, 『전쟁 또는 평화 War or Peace』

미국 내 디아스포라 유대인의 영향력

미국의 중동정책이 이스라엘의 편에 서 있다는 것은 주지의 사실이다. 또한 2001년 9월 11일 이후 테러와의 전쟁에서 미국에 사는 유대인들과 그리스도인들이 운명공동체를 이루어가고 있다는 주장도 나오고 있다.[35] 이에 여기서는 디아스포라 유대인에 관해 알아보고자 한다.

뉴암스테르담네덜란드령 당시 뉴욕의 이름 – 역자 주에서 자신들의 회당을 세운 첫 유대인 이주자들과 스페인으로부터 추방당한 세파르디 유대인들의 경우 미국 정부로부터 특별한 제한 없이 받아들여졌다. 그러나 1880년부터 미국 정부는 유대인 이주 희망자들의 입국에 제한을 가했다. 그럼에도 미국으로의 유대인 이주는 계속되었다. 그 결과 오늘날 미국의 예루살렘이라고 하는 뉴욕에는 예루살렘과 텔아비브보다 더 많은 유대인들이 거주하게 되었다.

유대인들이 유럽에서 나치의 학살을 피하기 위해 미국으로의 이주가 가장 많았던 시기에 미국 정부는 이민자의 수를 대폭 축소시켰다. 독일에서 유대인 대학살이 진행되었던 1933년부터 1938년까지 미국 정부는 프랭클린 루스벨트 대통령 아래 제한적인 이주정책을 시행한 것이다. 이 시기에 미국 정부가 받아들인 유대인 이주자들은 6만 명에 불과해다. 그러나 제2차 세계대전이 진행되면서 이주정책이 완화돼 미국으로 이주한 유대인들의 수는 20만 명 정도 증가했다. 미국으로의 이주를 통해 약 26만 명의 유대인들이 죽음을 모면했던 것이다.[36]

1880년부터 제2차 세계대전 때까지 유럽에 있던 수많은 유대인들이 미국으로 이주한 결과 미국에 사는 유대인들의 공동체는 새롭게 변모되었다. 뉴욕에 뿌리를 내린 유대인 공동체는 독일 유대인들의 문화적 전통과 동유럽 유대인들의 하시디즘Hasidism, 폴란드와 우크라이나 등 동유럽 각지의 유대인 사이에 일어난 경건주의 운동 – 역자 주을 계승했다. 동시에 동유럽 출신 유대인들은 독일을 비롯한 다른 서유럽 국가에서 이주해온 유대인들이 지니고 있던 종교적인 문화에 곧 바로 적응했다. 나아가 이들 나라의 종교적인 신념은 미국적인 생활양식에 침투했다. 미국 내 유대인 사회는 자유로운 개혁적 유대인, 보수적인 유대인, 정통주의적 유대인, 하시디즘을 신봉하는 유대인, 극단적인 정통주의적 유대인 등 다양한 부류로 구성되었다. 이 당시 미국에는 6백만 명의 유대인들이 살고 있었는데 이는 이스라엘 전체에 살고 있던 유대인의 수보다 2백만 명이나 많은 것이었다.

미국 이주 후 유래 없는 성공을 거둔 유대인들은 일상생활의 영역과 노동의 세계에서 다양한 인종들과 종교들을 포괄하고 있는 미국이란 국가에 점차 통합되어 갔다. 1960년대에 와서는 유대인들의 존재를 미국에 대한 위협으로 느끼는 사람들의 수가 1940년대에 비해 18퍼센트나 감소했다. 한 조사에 따르면 유대인들이 많은 결점들, 예를 들어 비양심적인 태도를 보인다든지 자신들이 원하는 목적을 달성하기 위해 다른 사람들에 비해 더 많은 편법을 사용한다는 사실을 지적하는 미국인들의 수가 이전보다 현저하게 감소했다고 한다. 또한 유대인들이 너무 많은 권력을 갖고 있고, 자기 민족과 관련된 사항들에만 관심을 쏟고 있다는 사실을 지적하는 비유대인들의 수도 이전보다 줄어들었다고 한다.[37] '미국의 예루살렘'에 사는 디아스포라 유대인들은 미국 사회에서 크게 성공했다. 1970년경에는 유대인들이 하버드 대학의 학생들 가운데 약 4분의 1을 차지했으며 컬럼비아 대학의 경우 그 퍼센트는 훨씬 더 높았다. 1990년대에 들어서면서 이 학생들이 졸업 후 법조계나 정치계의 실력자들로 성장했다.

유대인들이 비록 소수지만 미국 정치에 상당한 영향을 미치고 있다는 사실은 결코 과장이 아니다. 대통령 선거에서뿐만 아니라 다른 선거에서도 후보자들은 유대인 유권자들의 태도가 선거의 승패를 결정할 수 있다는 점을 인식하고 있다. 디아스포라 유대인들에게 지지의 대가는 확실하게 주어진다. 예를 들어 클린턴 대통령의 경우는 첫 번째 임기 동안 두 명의 유대인들을 대법관으로 임명했다. 그리고 1998년 유대인 출신의 정치가들은 유대인들이 미국 인구에서 차지하는 비율보다 훨씬 더 높은 비율로 하원의원직을 차지했다.[38] 한 조사에 따르면 놀랍게도 유대인 출신의 대통령 후보를 뽑으려는 사람들의 비율이 49퍼센트에서 72퍼센트로 증가했다고 한다. 또한 부시 대통령은 각료들과 자문위원들을 임명할 때 이와 같은 사실을 적극 반영했다. 이렇게 미국 행정부 내에 많은 유대인들이 포진하고 있다는 사실은 미국이 중동 문제를 처리하는 과정에서 취하고 있는 이중적인 태도를 이해하는 단서가 된다. 아랍과 팔레스타인은 중동 문제에 있어서 미국을 협상의 중재자인 동시에 당사자로 간주하고 있다. 특히 이스라엘의 이해관계가 걸려 있는 경우에는 더욱 그렇다.

청교도의 정치적 확장

앞에서 언급한 바와 같이 첫 번째 미국 이주자들은 청교도들이었다. 그들은 자신들이 이주한 새로운 세계를 종교적으로 해석했다. 즉, 그들에게 새로운 세계는 선택된 민족에게 주어진 약속의 땅이었다. 그리고 청교도들은 미국적인 민주주의적 신앙이 민주주의에 대한 믿음뿐만 아니라 미국 종교가 민주주의를 심화시킨다는 믿음도 포함한다고 생각했다. 또한 그들은 세계를 그리스도교적으로 전향시키는 것이 하느님으로부터 부여받은 사명이라고 생각했다. 이런 청교도적 신앙과 미국적 제국주의를 동시에 놓고 볼 때 다음과 같은 질문이 제기될 수 있다. 곧 '미국이 점점 더 강도 높게 수행하는 세계의 지배자로서의 역할이 얼마만큼 정치와 청교도주의의 결합에 근거해 있는가' 라는 것이다. 미국의 정치가 자국에게 유리한 국제법 및 국제 조약과 연결되어 있다고 판단될 때 이런 질문은 더욱 날카롭게 제기된다.

> 인류의 역사에서 한 민족이 다른 민족과의 정치적 결합을 해체하고 세계 여러 나라 사이에서 자연법과 자연의 신의 법이 부여한 독립, 평등의 지위를 차지하는 것이 필요하게 되었을 때 …… 우리는 이런 진리들이 자명하다고 생각한다.[39]

미국 독립선언문은 이렇게 시작된다. 이 선언문으로 많은 미국인들이 '하느님과 반反그리스도인 사이의 전쟁' 으로 규정한 독립전쟁이 종결되었다. 이 선언문은 새로운 미국적 자의식을 내세우고 있는데 이런 자의식은 미국의 제국주의와 곧바로 연결된다. 시어도어 루스벨트Theodore Roosevelt, 재임 1901~1909와 우드로 윌슨Woodrow Wilson, 재임 1913~1921의 팽창 정책은 물질적인 동기를 가지고 외적 확장을 추구하는 십자군적인 특징을 지니고 있었다. 이런 팽창주의는, 그것이 정치적이고 사회적인 이데올로기를 주장하는 한, 물질적인 측면을 가지고 있었다. 또한 이 팽창주의는 개신교의 덕목들과 필수성을 강조하고 있기 때문에 종교적인 측면도 포함하고 있다. 미국은 이미 오래전에 자국이 도덕적이고 이데올로기적인 숙고를 하고 있다고 자만했다. 이런 자만은 청교도적인 전통과 더불어 세속적인 것을 지향하는 형태를 취했다. 미국인들은 미국의 계속적인 팽창을 해명하기 위해서 신앙적 권위를 내세웠다. 그러면서도 이런 팽창을 정당화하는 과정에서 세속적인 용어들도 사용했다. 예를 들어 하느님이 미국 편에 서 있다는 사실을 주장하기 위한 상징으로 '분명한 운명' 이란 표현을 사용했다.

이런 종교적이고 정치적인 관념들은 다양한 신앙고백들을 새로운 국가를 위한 단일한 통합이데올로기로 변형시켰다. 이 과정에서 정치·경제적인 토대들은 종교적인 차원으로까지 격상되었다. 이러한 종교적이고 정치적인 관념들은 미국이 하느님에 의해 선택된 국가라는 표시가 되고 전 세계 안에서 미국에 부여된 종교적인 사명의 내용을 이루고 있었다. 앞에서 이미 언급한 바와 같이 이런 경향은 제국주의적 지배의 이론 및 실천을 신앙적이고 종교개혁적인 동기와 연결시킨 시어도어 루스벨트에서 비롯되었다. 미국의 도덕적인 제국주의, 혹은 영적인 제국주의는 팽창을 정당화하는 이데올로기적인 구호로 표현되었다. 표면적으로는 경제적인 동기와 종교적인 동기 사이의 상호작용이 강조되었지만 실제 미국의 외교정책에서는 경제적인 동기가 우위를 차지했다. 루스벨트가 자신의 공정 거래 프로그램의 목표를 미국의 산업계가 책임적인 지도자들에 의해 규제되는 상태에 두었던 것과 유사하게 미국의 문명이 국제적인 차원에서 주도적인 역할을 수행해야 한다고 주장했다. 그는 거대한 주식회

사에 대한 규제는 필수적이라고 보았다.

> 매우 거대한 생산수단을 소유하는 기업들이 …… 세계의 여러 국가 간에 벌어지는 경제 전쟁에서 주도권을 차지하게 된다. 미국은 이제 막 세계 경제에서 선두의 자리에 올라섰다. 우리가 믿는 바와 같이 미국은 이런 선두의 위치를 보다 공고히 하게 될 것이다. 우리의 풍부한 자연 자원과 우리 민족의 능력, 비즈니스 정신, 그리고 숙련된 기술 덕분에 미국이 차지한 이런 선두 자리는 위협받지 않을 것이다.[40]

선교의 사명을 그 명분으로 내세우고 있는 미국의 팽창적 무역정책은 우드로 윌슨의 목표이기도 했다. 1913년 3월 대통령직에 오른 윌슨은 미국의 수출 신장을 자신의 주요 정책과제들 가운데 하나로 간주했다. 그에게 미국은 팽창하는 국가였다. 그는 개신교적 용어들을 가지고 미국의 경제적 팽창을 설명했지만 실제로 그의 외교는 자신이 표현한 바와 같이 도덕적 제국주의, 혹은 선교적 외교로 이해될 수 없다. 윌슨의 제국주의는 오히려 칼뱅주의적 개신교에서 주장하는 경제와 도덕의 상호규제성의 관계 안에 놓여 있었다.

막스 베버가 지적한 바와 같이 종교적인 행동 및 신앙 방식과 이해관계 및 계급 상황 사이에는 깊은 의존관계가 존재했다. 앞에서 이미 인용한 베버의 진술에 따르면 개신교적 금욕은 재화 획득과 이윤 추구를 합법화할 뿐만 아니라 이것들을 하느님이 원하는 것으로 간주함으로써 재화 획득에 대한 전통주의적인 윤리의 규제를 제거하고 이윤 추구에 대한 억제의 사슬을 끊어버린다.[41] 이런 사정과는 별도로 1913년과 1914년의 경기침체로 인해 미국은 팽창적인 무역 정책을 구사하지 않으면 안 되었다. 그리고 이런 경제적인 팽창은 군사적인 팽창과 긴밀하게 결합되었다. 윌슨은 1907년 뉴욕에 있는 컬럼비아 대학에서 강연했을 때 다음과 같이 이야기했다.

> 무역은 국가 간의 경계를 넘어서는 것이고 기업가는 세계를 자기의 시장으로 여기기 때문에 한 나라의 국기는 그 나라의 기업가를 따라가야 하며 나라들의 닫힌 문들은 파괴되어야 한다. 국가들의 주권이 침해된 경우라 하더라도 금융가들이 획득한 영업허가는 장관들에 의해 보장되어야 한다.[42]

물질적인 이해관계에 근거한 미국의 외교정책이 갖고 있는 개신교적 동기들은 여전히 지배적이었다. 이런 개신교적 동기들은 소련의 몰락 후 미국이 세계 패권을 차지하자 한층 강화되었다. 조지 W. 부시 전 대통령은 세계의 변화에 직면한 미국의 상태에 관해 보고하는 자리에서 성서적인 표현방식을 사용하면서 다음과 같이 이야기했다.

> 미국은 하느님의 은혜로 냉전에서 승리했다. 이제 미국이 이 시대를 주도하는 국가라는 것은 이론의 여지가 없는 사실이다.

테러리즘에 대항하는 십자군

세계의 주도세력인 미국에서 발생한 2001년의 9·11 테러는 하나의 군사적·정치적 도전이었다. 이 테러의 정치적 폭발력은 테러리즘에 대해 단호하고 분명하게 응징할 것과 이후의 테러를 방지할 것을 요구했다. 미국인의 대다수와 그 당시 부시 대통령 뒤에 모여 있는 그리스도교 우파들은 테러리즘에 대한 대통령의 투쟁을 강력히 지지했다. 이런 투쟁을 부추기는 과정에서 부시 행정부는 불분명한 문제들을 단순한 선과 악의 대결 구도로 축소시키는 마니교적인 '이분법적 관찰 방식'을 적용했다.

가장 종교적이고 신앙심이 투철한 국가 가운데 하나로 꼽히는 미국에서 부시는 보수적인 복음주의자들에게 의존했다. 이 보수적인 복음주의자들은 가장 크고 강력한 개신교 그룹을 형성하고 있는데 그 수는 전체 미국인의 50퍼센트를 넘고 있다.[43] 그리고 정치적으로 보수적인 입장을 표명하는 가톨릭교 신자들과 미군의 해외 주둔을 지지하는 수많은 그리스도교 우파적 단체들이 이런 보수적 복음주의자들을 지원하고 있다. 특히 그리스도교 우파 네트워크는 엄청난 영향력을 행사하고 있다. 이 네트워크는 2백만 명 이상의 회원들을 가진 그리스도교 최대의 조직으로서 복음주의적 근본주의를 정치화하고 동원하는 데 기여하고 있다. 천년왕국설그리스도가 지상에 재림하여 세계의 종말 전에 1천 년 동안 이 세상에 군림한다는 설 – 역자 주의 관점에서 해석된 개신교적 문화를 추구하는 그리스도교 우파 네트워크는 미국의 국내정책과 외교정책에서 도덕적인 입장을 취하고 있으며, 미국에 대한 이슬람 테러리즘의 위협을 보다 분명하게 인식하고 있다. 미국 외교관계 위원회의 월터 미드Walter Mead, 1952~는 그리스도교 우파의 관점에 관해 다음과 같이 이야기했다.

> 미국의 외교정책이 미국에 대한 종교전쟁을 수행한다고 믿는 중동의 광신자들과의 무력 대결에 관심을 갖는 정도가 커지면 커질수록 미국인들의 가치와 이념을 정립하는 과정에 보수적인 개신교 지도자들이 그만큼 더 많은 영향력을 행사하게 될 것이다.
>
> 월터 미드, 『권력, 테러, 평화 그리고 전쟁Power, Terror, Peace and War』

이와 매우 유사하게 조지 부시는 9·11 테러에서 광신자들의 작품을 보았다. 그리고 그는 이 테러에서 소설가 노먼 메일러Norman Mailer, 1923~식으로 표현하면 "어떤 것이 다시 돌이킬 수 없는 피해를 초래한다는 사실을 정확히 알고 있으면서도 그것을 행하는 데서" 생겨나는 악의 작품을 보았다.[44] 부시에게 이런 악의 현현은 알카에다 테러 조직과 사우디아라비아의 테러리스트 빈라덴이다. 빈라덴은 '이슬람교도들을 박멸하기 위해 서양에서 새로이 조직되고 있는 십자군'과 투쟁해야 한다고 주장했다.[45] 강한 카리스마를 지닌 그는 세뇌교육을 통해 젊은 무슬림들을 자신의 테러 조직에 가담하게 하고 수십억 달러를 동원해 아프가니스탄의 탈레반 정권과 팔레스타인의 이슬람 테러 조직을 재정적으로 후원했다. 또한 서방세계, 특히 미국과의 전쟁을 선포했다. 이에 부시 행정부도 하느님의 분명한 구원

계획에 의해 선택된 나라인 미국의 자위를 위해 전쟁을 수행해야만 했다. 부시 행정부는 "우리는 세계를 악한 행동으로부터 구출하기 위해 십자군전쟁을 수행할 것이다"라며 이슬람 테러 집단과의 전쟁이 필수적이라고 주장했다.

이어 조지 부시는 빈라덴에게 이슬람주의의 창시자들 가운데 하나인 사이드 쿠트브Sayyid Qutb, 1906~1966의 다음과 같은 말을 그대로 되받아 말하였다.

"이 전쟁은 근본적으로 신앙과 국제적인 불신앙 간의 종교전쟁이다."[46]

이슬람 테러의 원인은 무엇인가? 이 질문에 대해 이슬람에게 우호적인 세력은 반미주의의 관점에서 답변을 제시한다. 반면 미국에 우호적인 세력은 이슬람 테러와 관련해서 다음과 같은 물음을 제기한다.

"선택된 민족에게 주어진 약속의 땅으로 간주되고 세계를 위한 유일한 희망으로 불리는 미국에서 어떻게 이런 암살기도가 일어날 수 있단 말인가?"

이런 물음들에 답변하기 위해서 우리는 미국을 비롯한 서방의 발전과 이슬람 국가의 발전을 살펴보아야만 한다. 서방의 발전, 특히 미국의 발전은 근대적인 과학기술을 통해 특징지을 수 있다. 그런데 이런 과학기술은 식민주의의 성립 이후 개발도상국들로 하여금 구조적으로 선진국에 의존하도록 만들었으며 이 과정에서 이슬람 문명의 영역도 이 질서에 편입되었다.[47] 이렇게 해서 오늘날 탈서방화를 추구하는 이슬람주의가 거부하는 '서방의 제도들이 구축된 이슬람 국가'들이 성립하게 된 것이다.

미국이 인권을 훼손시키는 무수히 많은 폭력 행위들에 관련되어 있다는 사실과 군사적 수단을 통해 자국의 목표를 관철시키고 있다는 사실, 그리고 미국의 경제적 이해관계가 세계를 지배하고 있다는 사실을 고려해보면 우리는 반미주의의 입장을 더 잘 이해할 수 있다. 부시 행정부는 미국의 저명한 작가들과 학자들의 경고를 못 들은 체하고 있다. 일례로 미국 스탠퍼드 대학의 철학 교수인 리처드 로티Richard Rorty, 1931~는 미국 정부를 다음과 같이 비판하고 있다.

"우리는 오래 전부터 베트남 전쟁으로부터 얻을 것이 없다는 것을 알고 있었음에도 불구하고 베트남에서 사람들을 무차별 살상했던 존 웨인John Wayne, 1907~1979과 같은 남자다움이 여전히 워싱턴 정치를 지배하고 있다."[48]

로티에 따르면 분명히 미국은 지금까지보다 훨씬 더 강력한 군사화를 추진하고 있다.

노먼 메일러는 미국의 정치적 사고가 바뀌어야 할 필요성에 관해 "미국인들은 많은 사람들이 왜 미국을 싫어하는지 바로 알아야만 한다"라고 말하고 있다. 메일러에 따르면 고유한 종교적 사실들을 인정받지 못했던 국가들은 미국이 자기들을 '문화적으로 억압하는 나라'라고 인식했다. 미국이 이슬람 사람들을 비롯한 이러한 국가의 구성원들로부터 그들이 본래 지니고 있던 고유한 토착적 가치들을 빼앗았다는 것이다.

미국은, 이윤을 추구하는 미국적인 삶의 방식이 모든 나라들에게 적합한 것은 아니라는 사실을 인정하고, 자국이 초래한 해악을 직시하지 않는다면 지상에서 가장 미움을 많이 받는 나라로 머물러 있게 될 것이다.

아프가니스탄과 이라크에서의 전쟁

부시 행정부는 알카에다 테러리스트들의 성전聖戰에 대해 장기적이고 유혈적인 전쟁을 감행할 태세를 갖추었다. 그리고 전前 미 국방장관 도널드 럼스펠드Donald Rumsfeld, 1932~는 2001년 9월 전쟁 자문위원회에서 이런 사실을 언급했다. 마침내 미국과 동맹국들은 아프가니스탄의 탈레반 정권과 그곳에서 활동하는 알카에다 테러 조직에 대해 전쟁을 감행했다. 미군의 대대적인 투입으로 인해 탈레반 정권은 두 달 만에 권좌에서 물러나게 되었다. 그리고 2001년 12월 현재의 대통령인 하미드 카르자이Hamid Karzai, 1955~를 중심으로 해서 과도 정부가 구성되었다. 그러나 그 근거지만 파괴했을 뿐 알카에다 조직을 소탕하지 못한 탓에 미국이 감행한 이슬람 테러리즘과의 전쟁은 다양한 군사적 조치들을 동반한 장기전의 형태로 접어들게 되었다.

이후 조지 부시 대통령은 이란, 이라크, 북한 등을 이른바 '악의 축'을 구성하는 '불량국가'로 지목했다. 미국이 가장 먼저 불량국가로 규정한 나라는 이라크였다. 부시는 미국의 역사적 사명을 역설하면서 미국인들, 특히 그리스도교 우파들에게 다음과 같이 이라크와의 전쟁에 대해 마음의 준비를 당부했다.

> 역사의 부름이 이 땅에 임하였기 때문에 우리는 확신 가운데 앞으로 나아간다. …… 우리가 그 가치를 존중하는 자유는 세계에 대한 미국의 선물이 아니라 인류에 대한 하느님의 선물이다. …… 하느님께서 지금 우리를 인도해주시길 기원한다. 그리고 하느님께서 미국을 축복해주시길 기원한다.

2003년 1월 부시는 나라의 현 상황에 관해 연설했는데 여기서도 그는 자신의 의도를 놓치지 않았다. 그는 이 연설에서 자신의 정책에 대해 철저히 지지를 호소했다. 즉, 부시는 종교적인 수사법을 사용하여 이라크 전쟁을 새로이 정당화한 것이다.

2001년 9월 11일 이래로 미국은 전쟁을 통해 자기의 존재를 확인하고 있다. 미국은 9·11 테러 이후 자국이 전쟁 상황에 들어갔다고 선언했다. 하지만 실제로 미국은 전쟁을 통한 자국의 팽창 전략에 대해 종교적 정당성을 부여하고자 했던 것이다.

예방 전쟁론에 근거해 있는 이라크 전쟁은 미국의 대외정책에 새로운 방향성을 제시했다. 예방 전쟁론은 테러리스트들뿐만 아니라 불량국가들도 겨냥하고 있다. 예방 전쟁론으로 인해 미국의 대외정책은 최악의 경우를 가정하는 안전보장정책으로 전환하게 되었다. 예방 전쟁론의 전략은 2002년 봄 부시가 미국 육군사관학교에서 행한 연설에서도 잘 드러나고 있다.

> 우리는 (원수의 나라에서) 적들을 이기고 그들의 계획을 좌절시켜야 한다. 그리고 그들의 위협이 더 날카로워지기 전에 용기를 가지고 그것에 대처해나가야 한다.[49]

예방 전쟁론은 미국의 주도권을 전제한다. 부시는 "미국이 세계에 대해 이전에는 없었던 확실한 힘과 영향력을 행사하고 있다"고 말했다. 예방 전쟁론은 미국의 지배력이 평화를 정착시키기 위해 무제한적으로 인정되어야만 하는 미국의 본원적 권리라는 사실을 강조한다. 그리고 모든 것이 악보다는 선을 위해 존재하고 타락보다는 순결을 위해 존재한다고 주장한다. 그러나 예방 전쟁론에는 실제적인 내용이 존재하지 않는다. 부시는 세계 평화의 정착을 위해 미국이 주도적으로 무력을 사용할 수 있는 권리가 국제적으로 승인된다면 이른바 불량국가들을 포함해서 다른 모든 나라들도 미국의 이런 권리를 인정해야 한다고 강조한다. 그리고 미국의 주도적 위치를 무시하고 모든 나라들이 서로에 대해 전쟁을 수행하게 되면 결국 무질서한 상태가 전개될 것이라고 주장한다.

2003년 5월 부시는 이라크 전쟁에서 미국의 승리를 선언했다. 하지만 이런 선언이 있은 후에도 곳곳에서 작은 전투들이 이어지고 있다. 곧 시아파 근본주의자들과 수니파 테러 집단들 사이의 분쟁과, 이 양자들과 미군 및 이라크 경찰 사이에 소전투들이 끊이지 않고 있는 것이다. 2005년 1월 30일 이라크 총선 이후 많은 사람들을 죽음으로 몰아가는 테러가 지속되고 있다. 총선을 통해 구성된 의회는 이라크 전체 인구를 대표할 수 없었다. 왜냐하면 대부분의 수니파 신도들이 알카에다의 지시로 선거에 참여하지 않았기 때문이다. 반면 쿠르드족과 시아파는 높은 투표율을 보이면서 오랜 억압 상태에서 벗어나 정부 구성에 참여했다.

부시 대통령이 믿었던 것처럼 선거 후 이라크에 민주주의가 뿌리내리고 테러리스트들이 패배하게 될 것이라는 것은 환상에 불과했다. 수니파의 과격파 단체들은 시아파 정치가들, 종교지도자들, 수천의 민간인들 그리고 이라크 군인들을 매일 공격하고 있다. 이들의 계획은 오래전에 시작된 아랍의 수니파와 시아파 사이의 종파 전쟁을 내전으로 확대시키는 것이다. 더 나아가 잦은 인질극을 통해 점령군들을 철수시키는 것이다.

한편 미국에서 전쟁의 인기는 땅에 떨어졌다. 최소한 미군의 일부라도 철수시키라는 압력이 끊임없이 증가하고 있다. 그러나 불안정한 현지 상황으로 인해 철군은 현재 거의 불가능하다고 할 수 있다.

2005년 10월 삼엄한 경비 가운데 시아파와 쿠르드족은 수니파의 저항에도 불구하고 국민투표를 통해 이라크 새 헌법안을 통과시켰다. 수니파는 이미 국민투표 전에 헌법안에 대한 반대 입장을 분명히 표명했다. 수니파는 헌법안에 있는 연방제 도입이 실현되면 국가가 분열될 것이라고 우려했다. 수니파는 "연방제가 실시되면 지방정부는 과도한 자치권을 갖게 되고 심지어는 자체 경찰까지도 보유할 수 있게 된다. 그리고 이 경우 시아파가 장악하고 있는 남부지역과 쿠르드족이 차지하고 있는 북부지역에 집중되어 있는 석유자원에 수니파가 접근하는 것도 불가능해질 것"이라고 밝혔다.

부시 대통령은 새 헌법안을 위한 투표에서 자유와 민주주의의 징후를 발견했다고 주장했으나, 수니파의 대다수는 이 투표에서 자신들이 배제되면서 시아파 및 쿠르드족이 지배세력으로 부상하고 있음을 감지했다. 이는 미국인들과 많은 이라크인들이 이 사건에 대해 상반된 평가를 제시하고 있다는 사실을 명시적으로 드러내고 있다.

이라크에서 미국인들은 더 이상 해방자로 간주되지 않는다. 사담 후세인Saddam Husein, 1937~2006의 체포에서부터 새 헌법안의 통과에 이르기까지, 미국의 성공은 더 이상 성공으로 비치지 않고 있다. 이라크의 현 상황에 대한 평가는 점차 바뀌고 있다. 이라크인들의 민주주의를 위해 전쟁을 일으킨다고 선언했던 미국의 공격은 일종의 억압으로 인식되고 있다. 이라크의 현 상황은 우리에게 인종적이고 종교적으로 분열되어 있는 사회에서 민주주의를 단순히 선거과정으로만 축소시키는 것은 지나친 단견에 불과하다는 사실과, 자유로운 선거가 더 이상 민주적인 정치의 정당성을 보증하지 않는다는 사실을 알려주고 있다.

III
이슬람교

종교 근본주의와 종교분쟁

이슬람교

2002년 10월 인도네시아 휴양지 발리에서의 테러, 2003년 11월 사우디아라비아의 수도 리아드에 있는 외국인 거주지에서의 테러, 2004년 3월 스페인 마드리드 통근열차에 대한 테러 그리고 2005년 7월 런던의 버스와 지하철 테러 등 9·11 이후에도 여러 테러 사건들이 발생했다. 여기서는 위의 테러들이 어느 정도 이슬람주의나 이슬람 테러리즘과 관련되어 있는가 하는 문제를 다룰 것이다. 그리고 함께 이슬람주의가 종교적인 것에 그 기초를 두고 있음에도 불구하고 종교가 아닌 하나의 정치적인 이데올로기라는 사실을 지적하고자 한다. 이런 이슬람교의 정치화를 제대로 이해하기 위해서는 무엇보다도 먼저 이슬람교 자체에 대해 알아볼 필요가 있다.

1 종교와 이슬람주의

쿠란과 다른 텍스트들

이슬람교가 지닌 문화적이고 정치적인 다양성으로 인해 '이슬람교는 무엇인가?' 라는 근본적 질문에 대해서 쉽게 대답할 수는 없지만 다음과 같이 간추려 말할 수 있다. 이슬람교는 "쿠란의 명령들과 알라의 사자使者 무함마드의 언행을 담은 하디스Hadith에 근거를 두고 있는 종교"다.[1]

서기 610년 무함마드가 메카에서 계시를 받아 쿠란을 기록할 당시 이슬람교는 단지 하나의 소종파에 불과했다. 그러나 622년, 무함마드가 메디나로 이주하면서 쿠란의 나머지 부분들에 관한 계시를 받았는데 이때부터 이슬람은 도시국가의 기틀을 마련하게 된다. 현대의 이슬람 개혁신학자들은 이슬람교의 개혁[2]을 추구하는 과정에서 메카 텍스트와 메디나 텍스트의 내용적 차이점을 끊임없이 강조한다. 그 차이점의 중심은 메카 텍스트가 외부세계에 대해 개방적인 성격을 지닌 데 반해 메디나 텍스트는 외부의 세력을 배척하면서 이슬람교 신자들의 공동체, 곧 움마Umma의 내부적 결속을 지향하고 있다는 것이다.

이제 쿠란이 신, 곧 알라의 최종적인 말씀이라는 이슬람교의 교리로 돌아가보자. 이미 예시한 바와 같이 쿠란은 무함마드에게 20년 동안 전달된 계시들을 기록한 책이다. 무슬림들은 무함마드의 영감을 믿기 때문에 쿠란이 문자 그대로 알라의 말씀이라고 생각하며, 쿠란의 낭독에서 유일신으로서의 알라를 경험한다. 이런 알라의 유일성은 이슬람교의 근본을 이루고 있다. 이슬람교는 철두철미한 유일신론을 내세우고 있는 것이다.[3] 이슬람교는 유대교와 그리스도교를 유일신론적인 종교로 간주하면서 인류의 역사 가운데 예언자의 역사를 발견하고 있다. 이런 예언자의 역사라는 관점에서 보면 예수는 무함마드와 마찬가지로 알라의 예언자라고 할 수 있다. 그러나 무함마드는 예수와는 달리 예언자들의 인장印章이며 최종적인 예언자[4]인 것이다.

이슬람교에서 알라는 유일하게 주권을 가진 존재다. 때문에 무슬림들은 구원을 받으려면 알라의 주권적 의지에 무조건적으로 순종해야만 한다. 이슬람교에서 인간은 옳은 길을 스스로 찾을 수 없는 무력한 존재로 간주되고 있다. 낙원의 거주자들은 쿠란 7장 43절에서 다음과 같이 증언하고 있다.

> 모든 영광을 알라께 돌린다. 그분은 우리를 이곳(낙원)으로 인도하

셨다! 알라께서 우리를 인도하지 않으셨다면 우리는 이곳에 이르는 길을 발견하지 못했을 것이다.[5]

인간들은 올바르게 살 수 있기 위해서 알라, 그의 계시, 그리고 그의 예언자에 의해 전해진 하디스에 의지해야 한다. 쿠란 33장 4절에는 다음과 같은 내용이 나온다.

알라께서 …… 진리를 말씀하신다. 그리고 그분이 (너희에게) 길을 알려주신다.

알라의 주권적 의지, 넓은 지혜, 자비를 표현하는 가르침은 인간들에게 구원을 가져다준다. 쿠란 17장 9절은 다음과 같이 이야기하고 있다.

진실로 이 쿠란은 참으로 올바른 것으로 인도하고 선한 행위를 하는 신도들에게 큰 보상이 주어질 것이라는 기쁜 소식을 전해준다.

서양의 문화는 개인주의적이고 가치다원주의적이다. 이런 서양 문화와는 달리 이슬람 문화에서는 개인 혹은 다양한 이해관계를 가진 사람들 사이의 다원성이 아니라 유일신론적으로 통일된 무슬림들의 공통체로 이해되는 움마가 중요하게 여겨진다. 따라서 움마는 모든 다양성을 통일시키고 '주도적인 이슬람 이성'[6]이 지배하는 집단이라고 할 수 있다. 알라신의 통일성에서 보면 움마는 유일신론적 신앙을 갖고 있는 신도들에 의해 구성된다. 또한 움마는 무함마드가 메디나에서 실현했던 이슬람에 의한 평화Pax Islamica를 지향하는 공동체라고 할 수 있다.

> 우리는 국가 이성 개념의 변화 과정에서 모든 것을 포괄하는 종교 이성에 관해 이야기할 수 있다. 무엇보다 종교 이성에 의해 도출되고 종교 이성을 특징짓는 정통 실천에 대해 이야기할 수 있다. 여기서 이런 정통 실천은 허용된 행동과 허용되지 않은 행동을 구별하는 최종적 방향성을 의미한다.[7]

쿠란은 개별적인 명령들로 이루어져 있는데 이런 명령들은 법제화의 토대로 기능한다. 그리고 쿠란은 이슬람 역사 초기에 법적인 지침들에 의해 보완되었다. 무슬림들은 쿠란 이외에 수나Sunna에도 의존하고 있는데 수나는 무함마드에 의해 전해진 잠언과 결정, 그리고 태도로서 이슬람교도의 행동 기준을 제시해준다. 예언자 무함마드의 명령과 행위에 대한 보도는 하디스에 담겨져 있다. 이슬람교의 첫 세기에 샤리아Shari'ah의 개념으로 포괄될 수 있는 신학적이고 세속적인 결정들의 복합체, 곧 종교적인 신앙론과 의무론이 생겨났다. 샤리아는 7세기부터 9세기까지 이슬람 법학자들의 체계적인 작업을 통해 형성되었다. 샤리아는 쿠란에 그 기초를 두고 있고 수나와 하디스를 통해 보완되었다. 그렇기 때문에 이슬람교에서는 그리스도교와 다르게 신학이 아닌 법학이 최고의 학문으로 간주되고 있다. 또한 이슬람교는 교회적인 종교체계가 아니라 유기체적인 종교체계라고 할 수 있다. 이런 유기체적인 종교체계로서 이슬람교는 모든 삶의 영역들을 포괄하고 있다. 그리고 이런 삶의 영역들에는 엄격한 규율이 적용되고 있다.

이슬람법인 샤리아는 인간의 행동 전체를 결정하고 구조화시키는 이런 종교적 가르침의 표현이다.[8] 그럼에도 불구하고 샤리아는 법전으로 편찬되어 있지 않고 지배자로부터 독립적이지도 않다. 그리고 이런 맥락에서 이슬람 근본주의자들, 곧 이슬람주의자들에게는 샤리아가 이슬람적인 정치체계를 구성하는 데 근본적인 토대가 되고 있다는 사실이 특히 중요하다. 이슬람교의 부흥을 꾀하고 이슬람교 계시의 보편성이라는 전통적인 생각을 고수하는 근본주의자들은 여기서 종교적인 것의 재정치화를 발견한다. 이를 통해 이슬람주의자들은 '종교적인 것' 에서부터 '종교적인 것과 정치적인 것의 결합' 으로 이동한다. 이슬람적인 샤리아 국가는 고전적인 아랍적 개념으로서의 샤리아에서 자신의 정당성을 끌어내는데 이런 개념으로서의 샤리아는 '규정된 길' 로 번역될 수 있다. 이런 의미를 지닌 샤리아는 쿠란 88장 18절에서 단 한 차례 언급되고 있다.

우리가 너를 신앙에 이르는 분명한 길로 데리고 갔으니 너는 그 길을 따르라.

이슬람주의자들은 이런 종교적 의미를 인식하지 못한 채 샤리아를 자신들의 국가 모델의 중심으로 삼고 있다. 샤리아는 동질적이지도 않고 정확히 정의되지도 않는 성격을 지니고 있다. 이슬람교의 정치화라는 측면에서 보면 샤리아의 이런 성격은 기존 정치 질서의 비합법화와 자의적인 정치 지배의 합법화를 부추기고 있다고 할 수 있다.

이슬람주의와 지하드

이슬람주의에 접근하는 과정에서 우리가 무엇보다도 먼저 유의해야 할 점은 이슬람주의에는 매우 다양한 형태와 특징이 존재한다는 사실이다. 터키의 에르바칸 Necmettin Erbakan, 재임 1996~1997 총리와 같은 실용주의를 강조하는 이슬람주의자들도 있고 이란에서처럼 법률가의 모습을 띤 이슬람주의자들도 존재한다. 또한 샤리아의 분명한 지배를 강조하는 이슬람주의자나 서양에 대한 전쟁을 준비하는 이슬람주의자들도 존재한다.

우리는 이슬람주의자들과 이슬람교의 배경을 가진 극단적인 테러리스트들 사이의 차이점에 유의해야 한다. 왜냐하면 이슬람주의는 무언가에 현혹될 때 테러리즘과 연결되기 때문이다. 이슬람주의자들이 알라의 질서를 수립하거나 옹호하는 과정에서 이슬람교를 믿지 않는 사람들 및 이슬람교의 적들과 투쟁해야 한다고 확신하는 경우에 이슬람주의는 테러리즘과 연결되는 것이다. 앞에서 언급된 대규모 테러들도 이슬람주의가 무언가에 현혹된 상태에서 발생한 것이라고 볼 수 있다.

정치적 이데올로기로서의 이슬람주의와 종교로서의 이슬람교를 구분하기 위해서 우리는 이슬람 역사에 대해 살펴보아야 한다.[9] 여기서는 이슬람교를 확산시키고 이슬람 국가를 수립했던 의도를 추적해볼 것이다.

이슬람교의 확산은 무슬림들이 소위 거룩한 전쟁이라고 부르는 지하드를 수단으로 해서 실현되었다. 그리스도인들은 이런 지하드에 대해 오늘날까지 무슬림들의 집단적인 기억에 각인된 십자군으로 대응했다. 19세기 이슬람의 지하드 프로젝트는 서양의 식민화 프로젝트에 의해 억제되었다. 이슬람에 의해 위협받은 유럽인들은 식민화를 통해 반대로 이슬람을 위협할 수 있게 되었다. 이후 20세기 후반 이슬람의 정치화가 가속화되면서 서방 국가들을 밀어내고 세계질서를 재편하는 것을 목적으로 하는 이슬람주의가 널리 퍼지게 되었다.

쿠란에서 말하는 지하드는 폭력 사용을 전적으로 배제하는 것은 아니지만 본래 의미는 이슬람교를 믿지 않는 이들에게 이슬람교를 전파하려는 노력을 말한다. 따라서 이슬람 역사에서 언급되는 전쟁 형태의 지하드는 쿠란적 의미의 지하드와는 차이가 있다.[10] 이런 사실을 확인하기 위해서 우리는 쿠란에 들어 있는 메카 텍스트와 메디나 텍스트를 구분해야 한다. 메카에서 계시된 쿠란 109장 6절은 신자들에게 그들의 적대자들과 대립할 것을 요구하고 있다.

너희는 너희의 종교를 갖고 있고 나는 나의 종교를 갖고 있다.

여기서 지하드는 폭력이 아니라 설득의 무기로 기능한다. 그러나 메디나에서 계시된 쿠란에서는 폭력 사용을 촉구하는 구절들이 지하드 교리로 집약되고 있다. 예언자 무함마드는 이슬람 국가의 배아 세포였다. 동시에 그는 이슬람교를 전파하기 위해 지하드를 지휘한 장군이자 정치가였다. 이와 관련해서 쿠란 6장 151절에는 다음과 같은 내용이 나온다.

그리고 너희는 법에 따른 경우를 제외하고는 알라께서 그 생명을 창조하신 어떤 사람도 살해해서는 안 된다.

이런 쿠란의 구절은 이슬람 역사에서 폭력이 그 주된 특징이었던 지하드 전쟁들을 상기시킨다. 폭력적 전쟁으로서의 지하드는 오스만튀르크 제국이 1683년 빈을 공격하다 실패한 이래로 더 이상 수행되지 않았다. 서양의 부상과 더불어 이슬람의 의도가 바뀌게 된 것이다. 그러나 19세기와 20세기의 지하드는 반反식민주의와 연결되었고 그 이후로 테러리스트들에 의해 또다시 폭력 수단으로 이용되었다.

지하드 개념이 바뀌면서 이슬람적인 세계질서의 수립은 이슬람 공동체의 집단적 의무로 간주되었다. 그리고 이런 의무는 그것이 전쟁 수행에 기여하는 경우에 한해서만 개인들에게 부과되었다. 이슬람법에 따르면 정치적인 지도자만이 지하드를 선언할 수 있다. 그리고 정치적인 지도자가 지하드를 선언하기 위해서는 이슬람 법학자들의 동의를 얻어야 한다. 이런 맥락에서 미국에 대해 지하드를 선언한 오사마 빈라덴은 지하드 성립의 전제조건을 충족시키지 못했다고 평가할 수 있다. 우리는 그럼에도 지하드를 선언하는 이슬람주의자들과 이슬람 테러리스트들이 처한 상황 역시 고려해야만 한다. 이들이 지하드를 통해 대항하고 있는 것은 서양적인 가치, 특히 미국적인 가치의 확산이다. 미국은 세 가지 규범적인 원리들, 곧 자본주의와 자유시장, 인권, 그리고 자유민주주의를 이슬람 세계에 이식했다. 하지만 문제는 서양의 이런 원리들이 이슬람의 정치 체제에 부정적인 영향을 미치고 있다는 사실에 있다.

방어 문화로서의 이슬람주의

현대 이슬람의 정치화는 1970년대부터 시작되었다. 이 당시 이슬람 사회에서는 비세속화와 탈서방화가 진행되었다.[11] 이슬람주의자들은 또다시 이슬람교와 그리스도교적 세계의 대립을 격화시켰다. 역사적이고 경제적인 측면에서 보면 이슬람의 반서구적 경향은 식민지로서의 경험과 서방 선진국에 대한 이슬람 국가들의 종속, 그리고 미국의 중동정책으로부터 생겨난 것이라고 할 수 있다. 이슬람 근본주의를 이해하기 위해서 우리는 이런 측면 이외에 정신적이고 문화적인 차원을 해명해야 한다. 이런 정신적이고 문화적인 차원과 관련하여 사우디아라비아의 국부인 이븐 사우드Ibn Sa'ūd, 재위 1932~1953 왕은 다음과 같은 명제를 제시했다.

> 우리는 유럽의 재능을 원한다. 그러나 유럽의 정신을 원하지는 않는다!

바삼 티비Bassam Tibi, 1944~는 과학기술적 근대를 문화적 근대와 분리시키려는 이런 시도를 이슬람주의자들이 품은 '절반의 근대라는 꿈'으로 표현했다.[12] 이 꿈은 이슬람주의자들로 하여금 계몽의 기획으로부터 생성된 문화적 근대에 대해 저항하도록 이끈다.[13] 이슬람주의는 종교와 정치의 새로운 동시대적인 종합이라고 할 수 있다. 이런 종합은 이슬람교와 서양 근대와의 대면에서 생겨나는 것이다. 정치적 이데올로기와 사회적 저항운동으로서의 이슬람주의는 서구지향적인 지도계층에 대해 반대할 뿐만 아니라 서구세계 전체에 대해 반대하고 있다. 따라서 이슬람주의는 단지 폭력에 근거한 전체주의에 불과한 것이 아니라 일종의 방어 문화라고 할 수 있다.

2 칼리파트 대 민족국가, 팽창적 지배의 복귀인가?

이슬람주의자들의 잘못된 신앙

이슬람주의자들과 이슬람 테러주의자들은 칼리파트Khalifat, 곧 역사적인 국가 형태로서의 이슬람이 가지고 있던 정치 질서를 복원하려고 노력하고 있다. 제1대 칼리프의 시대와 초기 무슬림들의 움마 시대로 돌아가려는 그들의 노력은 결코 도피로 간주될 수 없다. 오히려 그것은 내적으로는 민족국가에 반대하고 외적으로는 서방세계의 지배에 대항하는 군비 확장으로 이해되어야 한다.

칼리파트를 요구하는 이슬람주의자들은 초기의 이슬람에서 모든 시대를 위한 이상적인 사회질서를 발견하고 있다. 그들은 예언자 무함마드가 이슬람 공동체를 이끌던 시절 메카와 메디나에서 일어났던 일들의 재현을 기대하며 이런 일들을 현재를 위한 정치적인 프로그램으로 이해하고 있다. 이슬람주의자들의 자기이해는 대개의 이슬람 사람들의 자기이해와는 달리 이슬람교 전통에 근거하지 않고 시간에 구애받지 않고 항상 타당한 계시의 텍스트에 기초하고 있다. 이슬람주의자들은 정치적인 수단을 통해 이상적인 사회질서를 실현하는 것이 전통적으로 내려오는 종교적 내용을 습득하는 것보다 더 중요하다고 생각한다.[14]

칼리파트의 형성과 네 명의 칼리프들

이슬람주의자들의 이상사회는 종교와 정치가 통합된 이슬람국가의 배아세포로 간주되는 메디나 공동체다. 이 시기의 이슬람교에서는 무함마드의 전쟁으로 인해 칼을 사용하는 전투가 허용되었다.[15] 서기 630년 이슬람적인 질서는 아라비아 반도에 널리 퍼져 있었다. 예언자 무함마드가 사망한 지 2년이 되던 해에 칼리파트는 이슬람적인 질서로 자리를 잡았다. 무함마드는 자신의 후계자를 지명하지 않았기 때문에 그 당시 사람들은 칼리프가 무함마드의 유산을 관리하는 데 합의했다. 예언자 무함마드의 친척인 네 명의 첫 세대 칼리프들이 재임하는 동안 칼리파트는 강한 종교적 의미를 획득하게 되었다. 칼리프의 권위는 알라신의 무제한적인 주권에 근거해 있었다. 칼리프는 움마의 지도자일 뿐만 아니라 그 이름의 영향력이 매우 광범위하게 미치는 무함마드의 대리자이기도 했다. 지하드는 이슬람의 세계정복 프로젝트라고 할 수 있다. 이 프로젝트는 오늘의 이슬람주의자들과 이슬람 테러리스트들에게 세계를 지배해야 한다는 비현실적인 이념을 지속적으로 고취시키고 있다.

한편 네 명의 첫 세대 칼리프들이 재임하는 동안 이상적인 이슬람 국가모델이 형성되었다. 하지만 또한 이 시기에 무수히 많은 내적 갈등들이 표출되었다. 이렇게 예언자 무함마드의 동료들에 의해 치리되었던 대제국의 조직은 점차 다양한 방식으로 정당화된 통치 그룹들에게 이양되었다. 우선 옴미아드Ommiad 왕조는 움마를 보호하기 위해 군대를 강화했다. 그러나 아바스Abbās 왕조 때는 중앙에서 다스리는 칼리프의 세력이 급격하게 약화되고 그 대신 지방 왕조가 실질적으로 권력을 행사했다. 게다가 통일되어 있던 정치와 종교를 분리시키는 법률학자들의 기구가 생겨났다.

칼리파트는 칼리프를 예언자 무함마드의 대리자로 여기는 오늘날의 이슬람주의적 이데올로기와 대조되는 방향으로 전개되었다. 오스만튀르크 제국은 비신자들에 대해 전쟁을 선포하는 군사 국가를 지향했다. 이 제국에서 칼리프는 단지 명칭에 불과할 뿐이었다. 아바스 왕조의 마지막 칼리프가 자신의 칭호를 술탄으로 바꾸었던 1517년에 오스만튀르크 제국은 칼리파트로 변형되었다. 그러나 칼리파트는 아랍적인 특색을 가진 채로 종언을 고하였다. 1924년 케말 아타튀르크Kemal Atatürk, 1881~1938와 터키 국민입법회의에 의해 칼리파트가 폐지된 뒤 움마는 많은 이슬람 민족국가들로 나뉘어졌다. 이데올로기적이고 정치적인 측면에서 칼리파트는 민족국가로 전환된 것이다.

이름뿐인 민족국가 제도

그 당시 중동지역은 식민지 시절 이슬람 문명에게 제공되었던 민족국가의 제도들을 넘겨받았다.[16] 이로 인해 뿌리 없는 이식이 일어났다. 다시 말해서 이슬람 국가에는 맞지 않는 조직들이 생겨난 것이다. 이슬람 민족국가들에게는 민주적이고 시민사회적으로 형성된 어떤 실체가 존재하지 않는다. 세속적인 성향을 지니고 내적인 주권과 외적인 주권에 기초한 민족국가는 본래 유럽적인 상황에서 나온 국가 형태지만 오늘날 이런 민족국가는 국제관계의 시스템에서 유일하게 합법적인 국가 형태가 되었다.

민족주권의 원리에 근거한 민족국가는 이슬람교와 전혀 어울리지 않았다. 그럼에도 이름뿐인 민족국가가 이슬람 세계에 실제적으로 나타났다. 이는 19세기와 20세기 초반의 이슬람 지도층이 유럽의 식민지배에 대항해 싸우면서 동시에 유럽으로부터 민족국가 모델을 넘겨받은 자기모순을 겪는 과정에서 발생했다. 이런 상황에서 하나의 정치·사회적인 기본적 틀이 생겨난 것이다. 이런 기본적 틀은 헌법적인 원리들과 이슬람 국가들이 슈라shura, 곧 협의의 원칙에 근거해서 만든 국회의 법제화 권한을 포함한다. 요르단과 모로코 같은 입헌군주국에서는 의회가 존재함에도 불구하고 가장 상위의 입법자는 왕이다. 이집트, 시리아, 튀니지와 같이 군주국이 아닌 나라들에서도 마찬가지로 제한된 형태의 국회가 존재한다. 이런 형태의 국회는 아랍에미리트연합에서처럼 헌법에 근거한 자문기관에 의해 부분적으로 보완되고 있다. 이와 같은 나라들에서 대통령은 상대적인 자율성을 가지면서 정치의 방향성을 결정한다. 그러나 이는 우연이 아니다. 왜냐하면 통치자가 권력을 갖는 것은 초기 이슬람 역사의 유산이기 때문이다.

이슬람 국가들의 헌법은 이슬람교를 국가 종교로, 이슬람법인 샤리아를 법제화의 토대로 규정한다.[17] 특히 사우디아라비아의 헌법은 바하비즘Wahhabism적 군주제의 토대로 쿠란과 수나, 샤리아를 내세우고 있다. 때문에 사우디아라비아는 이데올로기 측면에서 엄격한 이슬람적 질서에 접근하고 있다. 알라신은 인간 존재를 위한 규범과 가치의 제공자로서 이슬람 국가에서 통치권을 행사한다. 이렇게 통치권을 행사하면서 알라신은 이슬람적 질서를 위한 규범적인 토대와 샤리아 법을 확정한다.[18] 샤리아는 국가 권력을 필요로 한다. 왜냐하면 이슬람법은 통치자의 지지가 있을 경우에만 시행될 수 있기 때문이다.

슈라의 원칙

몇몇의 이슬람 민족국가들은 슈라, 곧 협의의 원칙에서 이슬람적 민주주의를 발견한다. 슈라 개념은 쿠란의 두 구절에 근거하고 있다. 첫 번째 구절은 메카에서 계시된 쿠란 42장 38절인데 이 구절은 주로 무함마드가 그의 측근들과 상의해서 만든 관례를 소개하고 있다. 네 명의 첫 세대 칼리프들이 이 관례를 이행했으나 오랜 시간이 흐르면서 잊혀져갔다. 그러다가 서양의 민주주의를 접하고 난 뒤 슈라의 원칙을 새롭게 발견했다. 두 번째 구절은 이슬람 국가가 존재했던 메디나에서 계시된 쿠란 3장 159절이다. 이 구절에 관한 새로운 해석에 따르면 협의가 국가 형성의 기본이념이 되고 있다는 것이다.

슈라를 헌법적으로 정초하는 것은 이름뿐인 민족국가를 평가하는 문제와 관련된다. 이런 민족국가의 형성은 많은 국가들이 위협으로 생각하고 있는 이슬람주의와 슈라 및 샤리아의 원칙을 대결시키게 만들 수 있다. 왜냐하면 이슬람 근본주의가 단지 외적으로만 서구세계에 반대하는 것이 아니라 내적인, 즉 서구적인 성향을 가진 지도계층에 대해서도 반대하기 때문이다. 사이드 쿠트브는 진실한 무슬림들에게 변절한 무슬림들의 공동체와 분리해 '저항공동체'를 형성할 것을 촉구했다.[19] 쿠트브에 따르면 진실한 무슬림들과 지하드를 통해 제거되어야 할 비신자들 사이에는 전시상태가 조성되어 있다. 오늘날의 이슬람주의자들과 이슬람 테러리스트들에게 쿠트브의 저항공동체는 뛰어난 칼리프들의 시기에 존재했던 칼리파트로 간주되고 있다. 이 시기에 종교와 정치가 완전한 일치되었을 뿐만 아니라 정치와 종교가 결합된 강력한 연대공동체가 존재하기도 했다. 이러한 연대공동체는 이슬람교의 확대에 기여했기 때문에 오늘의 이슬람주의자들은 이 공동체를 다시 구축하고자 노력하고 있다. 뛰어난 칼리프들의 시기에 이미 거대한 제국이 세워졌다는 사실은 이슬람주의자들에게 칼리파트의 재형성을 강제하고 있다. 무엇보다도 알카에다를 비롯한 테러리스트들은 전 세계에 걸쳐 이슬람 제국의 형태로 칼리파트를 형성하기 위해 노력하고 있다.

테러리스트들과 이슬람주의자들은 과거 칼리파트가 형성되었을 때와는 달리 세계가 근본적으로 변화되었다는 사실을 간과하고 있다. 따라서 칼리파트의 재형성을 요구하는 사람들은 옴미아드 왕조와 아바스 왕조 때에는 종교적인 이유가 아닌 기능적인 이유에서 칼리파트가 수립되었다는 사실을 인식하지 못하고 있다. 그 당시에는 움마를 지속적으로 유지하는 것이 문제였다. 쿠란의 어떤 장에서도 언급되지 않는 칼리파트는 과거 이슬람 사회에서 구원을 가져다주는 필수적인 제도는 아니었다. 이는 칼리파트가 결정적인 제도로 간주될 수 없었고 칼리파트의 영향력이 점차 약화되었기 때문이다. 칼리파트는 역사적으로 검증된 국가 형태일지라도 모든 시대에 유효한 국가 형태일 수는 없다. 현대 세계에서 칼리파트는 커다란 반대에 직면해 있다.

3 이슬람교의 혁명적인 재정치화와 이란의 핵 프로젝트

팔레비 왕조의 붕괴와 이란 혁명

25년 이상 진행된 이란의 이슬람교 재정치화로 인해 세계 여론은 이슬람교 및 이슬람주의와 대결하게 되었다. 이란에서는 1979년 2월 아야톨라 호메이니Ayatollah Khomeini, 1900~1989의 혁명을 통해 서구세계가 예상하지 못한 급격한 변화가 일어났다.

이 혁명을 통해 시아파 지도자들의 주도 아래 종교적으로 정당화된 지배 체제가 성립하게 되었는데 이는 시아파가 이란의 역사에서 새로운 시기를 열었다는 사실을 의미한다.[20] 시아파에는 수니파의 경우와 달리 정치적 지배세력으로부터 자유로운 지도자 계층이 존재해왔다. 9세기 제12대 이맘이슬람지도자의 칭호 – 역자 주 무함마드 알문타자르Muhammad Al-Muntazar가 홀연히 사라진 이후 통치의 공백이 존재했다. 시아파는 이 정치적 공백 기간에 종교지도자의 지배를 포함하는 모든 지배 형태들을 부당한 것으로 간주했다. 그리고 이런 입장에서 시아파는 정치 지배세력과의 거리를 유지해왔다. 그러다가 시아파 지도자인 호메이니가 교리를 새롭게 해석하면서 법률가 지배론을 내세우게 된 것이다.

현재 이란 혁명은 이슬람주의자들의 공식적인 권력 획득 패러다임으로 인정받고 있다. 이런 이란 혁명에서 중요한 점은 시아파 성직자들이 호메이니의 이란 복귀와 프랑스에서의 다양한 활동을 지원할 수 있을 만큼 충분한 재정 능력을 소유하게 되었다는 것이다. 그 당시 시아파 성직자 계층은 상인들과 동맹을 맺고 있었으며 대중으로부터 광범위한 지지를 받았다. 때문에 이 동맹은 혁명으로 이어질 수 있었고 이로 인해 팔레비 왕조는 붕괴되었다. 그 결과 이란에서는 짧은 시간 안에 독재 체제가 종언을 고했다. 그 당시 중동의 경우 이런 독재 체제는 서방으로부터 원조를 받았고 미국의 대외정책과 긴밀하게 연결되어 있었다. 이렇듯 이란에서 팔레비 왕조가 붕괴된 것은 왕정이 이슬람적인 정당화 과정을 거치지 않은 채 중동 전제정치의 단순한 복원에 불과했기 때문이다. 반면 이란 혁명은 토착적인 가치에 충실하였기에 성공할 수 있었다.

호메이니의 지도력과 통치 방법

호메이니의 탁월한 지도력을 통해 이란 혁명은 추진력을 갖춘 이슬람적인 운동으로 발전했다. 호메이니는 시아파적인 색채를 지닌 이슬람적인 신정정치 체제를 구축했다. 이로 인해 이란 공화국은 그 유례를 찾아보기 어려울 만큼 카리스마적인 정치 형태를 보이게 되었다. 서방적인 시각, 특히 막스 베버적 관점에서 보면 토착적인 가치들에 근거하고 이슬람적으로 정당화된 호메이니의 지도력은 카리스마적임에 분명하다. 베버의 이념적 구분에 따르면 카리스마는 개인이 지니고 있는 비일상적인 특질을 의미한다. 따라서 카리스마를 소유한 사람은 '보통사람들에게서는 볼 수 없는 초자연적이고 초인간적인 능력이나 특성을 지닌 존재', '신이 보낸 존재' 또는 '모범적인 존재'로 여겨지며, 따라서 '지도자'로 평가받는다.[21] 카리스마적 지도자들은 어떤 법규나 규정도 알지 못한다. 그들이 생각하는 객관적인 법은 하늘의 은혜와 신적인 초능력을 경험하여 발현하는 것이며 진정한 예언자적 신념과 영웅적 신념을 분명하게 드러내기 위해서 모든 외적인 질서와의 결합을 거부하는 것이다.[22] 카리스마는 역사에 나타난 창조적이고 혁명적인 능력이다. 그리고 혁명적 의지와 결부된 미래지향성은 과격한 이슬람주의자들의 특징이다.

호메이니가 지배한 10년 동안 현재 이란 정부의 기본적인 토대가 구축되었다. 이런 토대의 핵심은 1979년 11월 헌법에서 강조된 법률가 지배론이다.[23] 이 헌법에는 신앙고백과 정당의 강령, 기본법이 혼합되어 있다. 그리고 이 헌법은 호메이니식으로 이해된 시아파적 국가관과 통치관을 반영하고 있다. 이 헌법에 따르면 만일 이란 이슬람 공화국이 제12대 이맘이 사라져 통치의 공백이 생겼던 시기에 존재했더라면 그 때의 이란 이슬람 공화국을 지배하는 통치권도

'정의롭고, 알라를 경외하고, 시대의 요구를 잘 알고, 용감하고, 지도력이 있는 법률가들'에 의해 소유되었을 것이라고 주장한다.[24] 시아파 교리에 대한 이런 새로운 해석에 따르면 파키Faqih는 모든 입법기구, 사법기구, 교육기구에 직접적으로 영향력을 행사하는 최고의 재판관이며 국가기관 전체의 수호자였다. 호메이니의 이슬람 공화국은 제4대 칼리프 알리Ali, 재위 656~661가 세웠던 것과 같은 이슬람적 질서를 수립하려고 노력했다. 칼리프 알리는 제1대 시아파 이맘으로 그의 추종자들이 시아파를 창설했다. 이란의 헌법은 열두 명의 시아파 이맘들에 의해 이끌어진 이슬람을 이란의 공식적인 종교로 규정하고 있다. 이 헌법은 종교지도자 계층의 지배적인 역할을 강조하고 샤리아를 법의 토대로 간주한다.

이스라엘 및 미국과의 적대관계

호메이니 정부는 매우 공격적인 외교정책을 구사했으며 특히 미국 및 이스라엘과는 적대관계를 유지했다. 호메이니 혁명(이란 혁명)은 서양의 문화적 질병을 치유하기 위해 무슬림들이 걸어야 할 하나의 길을 제시했다. 그 당시에는 외적인 두려움과 내적인 기대가 확산되었다. 여기서 내적인 기대란 구성원들의 동의에 근거한 혁명이 이슬람 세계의 역사적 신기원을 가져올 수 있다는 기대를 의미한다. 하지만 이런 동의가 사라져버린 후 호메이니는 이란·이라크 전쟁에 직면하게 되었는데 이 전쟁은 이란 공화국의 내부적인 문제들을 무마시키면서 공화국이 안정화되는 데 공헌했다. 이란·이라크 전쟁은 아주 중요한 정치적 인 목표를 지향했다. 1982년 이라크 군대가 철수한 뒤, 이란의 국회 의장 악바르 라프산자니Akbar Rafsanjani 1934~ 가 전쟁을 속행하기로 결정하였을 때 이런 목표는 분명해졌다. 라프산자니는 호메이니가 내세운 이슬람 보편주의적 목표, 곧 주변 국가들에 이란 혁명을 수출하는 목표를 강조했다. 그러나 주변 국가들은 이런 이란의 노력을 거부했다.

이란 혁명을 수출하는 목표 이외에 서방세계에 대한 정치적 대항도 강조되었다. 이는 무슬림들의 서방화와 정체성 상실에 대한 반대 흐름으로 나타났으며 무엇보다도 미국에 대한 적대 흐름으로 나타났다. 나아가 미국에 대한 적대는 이스라엘에 대한 저항으로 이어졌고, 호메이니 정부에게 이스라엘은 제거되어야 할 '이슬람 세계의 오점' 으로 인식되었다. 호메이니 시대에 이미 다음과 같은 표어가 널리 확산되었다.

"케르벨라이맘 알리의 아들인 후세인의 무덤이 있는 도시 너머에 예루살렘으로 가는 길이 나 있다."

여기서 '케르벨라' 는 사담 후세인과 같은 변절자들을 포함한 내부적인 적들로부터 무슬림들을 해방시키는 것을 상징한다. 그리고 '예루살렘으로 가는 길' 은 외부적인 적들로부터 이슬람 세계를 해방시키는 것을 상징한다. 이렇게 해서 전쟁에서 이란의 지도부가 사용한 수사법의 의미가 밝혀졌다. 이 전쟁은 이슬람적인 세계 정복의 전통에서 나온 지하드, 곧 알라에 의해 명령된 '거룩한 전쟁' 이 되었다.

이제 군대는 알라의 군대가 되었고 전쟁에서의 죽음은 순교가 된 것이다.

이란에서 신정정치적 질서는 아마디네자드Mahmoud Ahmadinejad, 재임 2005~ 대통령 주위에 있는 보수적인 호메이니주의자들에 의해서뿐만 아니라 좌파 이슬람주의자들에 의해서도 주창되어 왔다. 이들은 무슬림들에게 신정정치적 질서를 옹호하는 근본주의의 교리를 인정하고, 중동에 대한 미국의 영향력을 거부하라고 권고한다. 이란 혁명이 성공한 후 미국은 1980년부터 의도적으로 이란의 발전을 방해하기 위해 모든 수단들을 동원했다. 미국은 이란·이라크전쟁에서 사담 후세인을 지원하였을 뿐만 아니라 수출입을 금지했고 이란 정부를 타도하는 데 소용되는 예산을 따로 책정하기까지 했다. 이에 이란의 보수파 종교지도자 아야톨라 알리 하메네이Ayatollah Ali Khamenei, 1938~는 미국이 이란의 철천지원수임을 끊임없이 선언했다. 그리고 이란 사람들은 미국을 거대한 악으로 간주했다.

반면 미국의 조지 부시는 이란을 북한 및 이라크와 더불어 '악의 축'으로 규정했다. 이런 규정방식은 모든 문제들을 선악의 이분법에 근거해서 환원론적으로 이해하는 마니교적인 관찰방식이라고 할 수 있다. 부시는 이 세 국가들은 이슬람 테러리스트의 지원, 견고한 미사일의 개발, 핵무기·생물무기·화학무기의 개발로 특징지을 수 있다고 주장했다.

이란의 핵 보유와 중동의 정세

그동안 이란에 대해 부시 정부가 추측했던 사항들 가운데 상당수가 사실로 확인되었다. 실제로 이란 정부는 팔레스타인의 테러리스트들, 특히 레바논의 헤즈볼라를 지원하고 있으며 국제적인 경고에도 불구하고 우라늄 농축 방법을 개발했다.

2003년 2월 이란 정부는 천연우라늄을 우라늄 헥사플루오라이드 가스로 바꾸는 데 성공했다고 발표했다. 이 가스는 핵발전소의 연료와 핵무기의 원료로 이용될 수 있는 농축우라늄을 제조할 수 있는 재료다. 미국과 이스라엘, 유럽의 반대에도 불구하고 이란 정부는 평화적인 목적에만 핵무기를 사용한다는 전제 아래 핵무기 개발을 계속 추진하기로 결정했다.

이런 결정에 대해 미국과 이스라엘은 강력하게 항의했다. 호메이니 혁명 이래로 이란 정부와 대립하고 있는 이 두 나라는 중동지역이 자신들의 이해관계와 밀접하게 연관되어 있음을 다시금 확인하게 된다. 미국은 중동지역을 지배하고자 한다. 그리고 이스라엘은 자신의 안전을 확보하면서 중동지역에서 유일한 핵무기 보유국이 되고자 한다. 이스라엘은 이미 1981년에 이라크의 핵무기 제조를 막기 위해 기습 공격을 감행하여 원자로 타무즈를 파괴한바 있다. 그 당시 이스라엘 총리 메나헴 베긴은 독트린을 선포했는데 이 독트린을 통해 모든 중동 국가들에 대한 이스라엘의 예방공격권이 정당화될 수 있었다. 베긴 독트린은 중동 국가들이 새로운 대량살상무기들을 개발하고 이스라엘에 대항하여 이미 개발된 대량살상무기들을 투입하는 것을 비판했다. 이런 베긴 독트린에 근거하여 이스라엘 국방부 장관은 어떤 경우에도 이란이 핵무기를 소유하는 것을 용납하지 않겠다고 선언했다.

이스라엘은 미국과의 협력을 통해서만 이란 정부에 대항할 수 있다는 사실을 알고 있었다. 그래서 이스라엘은 이라크 전쟁 이래로 미국의 외교정책을 결정짓고 있는 예방 전쟁론을 수용했다. 이 두 나라들은 이란의 핵무기 제조를 막기 위해 최선의 노력을 다하겠다고 선언했다. 이에 사람들은 이란에 대한 제재와 예방 전쟁이 가시화될 것으로 생각하고 있었다. 그러나 아프가니스탄과 이라크의 현 상황이 미군의 주둔을 계속 요구하고 있어 다른 지역으로의 미군 투입이 어려워지고 있다. 그리고 이스라엘도 가자지구에서 유대인들을 철수시킨 후, 요르단 강 서안지구에서의 부분적 철수와 그것에 따른 문제들에 집중해야만 하는 형편에 처해 있다.

이런 상황에서 독일, 프랑스, 영국 등으로 대표되는 유럽연합은 우라늄 문제를 외교적인 수단을 통해 해결하려고 노력하면서 미국을 견제했다. 유럽연합은 장기적인 원조를 통해 이란으로 하여금 우라늄 농축을 포기하고 핵을 비군사적인 목적으로 사용하도록 유도했다. 유럽연합의 이런 대화 전략은 핵 포커 게임에 비유되었다. 이란 정부는 한편으로 공조를 취하면서도 다른 한편으로는 위의 세 나라들과의 협정을 무시하면서 대결을 추구하였기 때문이다. 이란의 이런 이중 플레이에 대해 이해가 불가능한 것은 아니다. 이란은 제재에 대해서는 그리 큰 두려움을 갖고 있지 않다. 이란이 정말로 두려워하는 것은 미국과 이스라엘이 다른 문제들을 명분으로 내세우면서 유엔의 승인 없이 이란을 위협하고 이란의 핵시설을 공격하는 것이다. 이렇게 보면 정작 중요한 것은 불가침보장이라고 할 수 있다. 그러나 아마디네자드 대통령이 2005년 알-쿠드스의 날금식월인 라마단 마지막 주 금요일을 가리킴 – 역자 주에 이스라엘의 박멸을 촉구한 후부터 이런 불가침보장이 주어질 가능성은 희박해졌다.

4 터키 이슬람교의 정치화와 케말리즘

오스만튀르크 제국의 몰락과 터키 공화국의 수립

근본주의적 지도자 네크메틴 에르바칸과 그가 속한 이슬람주의적인 레파당이 1995년 12월 터키 총선에서 승리했다. 터키에서 이슬람주의자들과 케말리스트들이 계속적으로 대립하고 있는 가운데 이슬람주의적인 정당의 대표가 총리로 선출된 것은 처음 있는 일이었다. 그동안 유럽연합에 가입하기 위해 코펜하겐 기준유럽연합 가입을 위한 표준조건 – 역자 주을 충족시키려고 노력하던 나라에서 정치의 이슬람화와 탈서방화가 진행되기 시작한 것이다. 터키의 이슬람주의자들은 신新오스만 제국적이고 범汎튀르크적인 방향성을 지닌 이슬람 근본주의를 표방하면서 터키를 문화적으로 탈서방화하려고 애쓰고 있다.[25]

터키에서 이슬람주의자들과 케말리스트들 사이의 갈등은 반서방적인 정치세력과 서방적인 정치세력 간의 갈등을 의미한다. 더 나아가 이런 갈등은 터키가 이슬람적인 문명을 구현하느냐 아니면 서방적인 문명을 구현하느냐를 둘러싼 갈등이라고 할 수 있다. 터키의 정치화된 이슬람은 정치적·사회적 현상인 동시에 문화적인 현상이다.

이런 터키 이슬람의 정치화는 서양적인 근대에 대항하는 국제적인 이슬람주의적 흐름의 일부로 간주될 수 있다. 여기서 주의해야 할 사항은 터키의 이슬람주의자들은 다른 나라의 이슬람주의자들과는 달리 자신들의 지도력을 이슬람 세계에만 관철시키려고 하지 않는다는 점이다. 그들은 중국 북서부 신장으로부터 중앙아시아와 카우카수스를 거쳐 남아시아에 이르는 지역, 곧 투르키스탄에까지 자신들의 지도력을 관철시키려고 노력하고 있다.[26] 이 지역은 오스만튀르크 제국의 영토와 거의 일치한다.

1300년경 오스만 1세에 의해 세워진 오스만 왕조는 이슬람의 횃불을 높이 들면서 술탄이 성스러운 메카와 메디나를 보호하는 임무를 위임받았음을 선언했다. 오스만튀르크 제국의 시스템은 삼각조직이라고 할 수 있다. 첫째는 중앙권력기구로서 군대와, 관청, 세무서가 여기에 속하며, 둘째는 울레마Ulema로서 종교지도자들과 법률가들의 집단을 의미한다.[27] 셋째는 수피Sufi 집단인데 이들은 봉사영역과 교육 영역에 종사한다. 이런 삼각조직은 세 가지 가치유형들에 상응했다. 곧 국가에 대한 충성 이데올로기와, 공식적인 정통 이슬람 사상, 그리고 수피의 관대한 입장이 그것이다. 이렇게 해서 오스만튀르크 제국의 이슬람은 제의적이고 실천지향적인 기구들을 정부기구들과 통일시킬 수 있었다. 때문에 이 시기의 이슬람은 부분적으로 '행정기관으로 변모된 이슬람'과 동일시될 수 있었다.

1699년과 1720년 사이에 오스만튀르크 제국이 합스부르크와의 전쟁에서 패배한 이후 구조적이고 가치지향적인 삼각조직은 행정 영역과 군사 영역에 서구의 조직이 도입됨으로써 서구적인 시스템과 겹치게 되었다. 오스만튀르크 제국은 국가의 중앙집권화를 통해 종교와 국가의 일원적 상태에서 벗어나 종교와 국가의 분리 상태로 발전하게 되었는데, 이로 인해 많은 갈등이 야기되었다. 그 당시 술탄은 유럽적인 군사기술의 도입이 정치시스템에 대해 영향을 미친다는 사실을 인식하지 못했지만 이런 영향은 분명한 사실이었다. 이런 서구조직의 도입으로 오스만튀르크 제국의 세속화는 가속화되었고 오스만튀르크 제국의 이슬람적 정당화는 서서히 그 기반을 잃게 되었다. 그리고 1920년대 그 결과물로 케말리즘Kemalism이 형성되었다.

1923년 터키 공화국이 수립된 이래 서방의 이념과 제도가 지속적이고 철저하게 도입되었다. 이 과정에서 케말리즘적 혁명과 터키 역사의 전통을 지키려는 사회적 대립 구도가 형성되었다. 이런 대립 구도는 터키의 중앙집권화 과정, 그리고 현대 터키 정치에서 문화적인 차이를 드러내고 있는 중앙과 주변의 균열화 과정과 밀접하게 연결된다. 특히 이러한 균열화 과정은 1994년 3월 지방선거에서 분명하게 그 모습을 드러냈다. 이 지방선거에서 이슬람주의적인 레파당은 정치적이고 문화적인 주변을, 민주좌익당은 중앙과 권력집중, 그리고 세속주의를 대표했다.

케말 아타튀르크의 정치 개혁

이제 터키 공화국과 케말리즘적 혁명에 관해 알아보기로 하자. 터키 공화국의 수립자이자 제1대 대통령이었던 케말 아타튀르크는 1922년에 술탄제도를 없앴고 2년 뒤인 1924년에는 칼리파트를 폐지했다. 케말 아타튀르크는 터키 사회의 세속화를 추구했고 종교와 국가의 분리를 통해 무제한적인 국가주권을 확립하려고 노력했다. 이슬람교에서 신도들의 통일체를 상징하는 전통적인 제도들은 칼리파트와는 거리가 있었다. 아타튀르크의 집권 후 터키 공화국은 보편주의를 정치적으로 표현하는 근대적인 헌법을 갖추었다. 이슬람교는 더 이상 국가종교일 수 없었고 종교부도 해체되었다. 대부분의 터키인들에게 케말 아타튀르크는 카리스마적 지도자였다. 그는 '아타튀르크(터키의 아버지)' 라는 칭호에서 짐작할 수 있듯이 터키인들로부터 큰 존경을 받았다. 이슬람법 대신에 서구적인 민법과 형법을 도입했으며, 1923년부터 1929년까지 종교적인 법원들과 교육기관들을 유지하려는 신정주의자들의 끈질긴 저항을 물리치면서 문화적이고 정치적인 개혁을 추구했다. 예를 들어 그는 국가가 교육제도를 독점하게 했고, 터키 문자를 라틴어식으로 표기하게 했으며, 수피 집단을 해체했다. 1923년 케말 아타튀르크에 의해 만들어진 공화인민당은 터키적인 민족국가를 수립하고 민족주의와 정교분리를 내세웠다. 1928년의 헌법은 터키를 공화주의적, 민족주의적, 국가개입주의적, 정교분리주의적 국가로 규정했다.

아타튀르크가 시도한 많은 개혁들의 관점과 케말리스트들의 관점에서 보면 이런 개혁 조처들은 부분적인 사회 변화만을 가져왔을 뿐 전면적인 변화를 이루지는 못했다. 그렇기 때문에 케말리즘에 의해 시도된 위로부터의 혁명은 터키 사회를 양분시키는 결과를 가져왔다. 세속화는 중앙 정부의 영향력이 강한 수도와 대도시를 중심으로 일어났으나 터키의 지방에서는 그 영향을 미치지 못한 것이다. 때문에 케말리즘적 엘리트들이 내세우는 세속화와 지방들에서 지속되는 이슬람적인 생활방식 사이에 갈등 구조가 형성되었다.[28] 그 당시 터키는 이슬람적 성향이 강한 소아시아지역과 케말리즘의 영향을 받은 대도시들, 곧 이스탄불, 앙카라, 이즈미르 등으로 양분된 것이다.[29] 한마디로 말해서 터키의 세속화·유럽화의 시도는 좌절되었다고 볼 수 있다. 만일 이런 시도가 성공했더라면 오늘날 터키가 유럽연합에 가입하는 데 별다른 어려움이 없었을 것이다.

에르바칸과 이슬람주의

세속화와 유럽화의 시도가 좌절된 후 터키에서는 이슬람을 정치화하고 정교분리에 제한을 가하는 움직임이 지속되어왔다. 케말리즘은 계속적으로 몰락을 거듭했다. 1995년 12월 총선을 통해 이슬람주의적인 레파당이 실권을 잡고 1996년 7월 레파당의 당수 에르바칸이 탄수 실러Tansu Ciller, 1946~의 정도당과 함께 구성한 연립정부의 총리직에 오르면서 케말리스트들은 최대 위기를 맞게 되었다. 에르바칸은 11개월 동안 총리로 있으면서 터키의 옛 전통을 복원하고 탈서양화를 통해 케말리즘을 극복하고자 했다. 그의 이런 이슬람주의는 케말 아타튀르크가 이슬람의 탈정치화를 시도했음에도 불구하고 터키인들의 대다수가 전통적인 종교 문화에 지배되고 있었다는 사실에 힘입은 바 크다. 실용주의적 이슬람주의자인 에르바칸은 이슬람을 종교로 수용했을 뿐만 아니라 자신의 정책을 정당화하는 도구로도 사용했다. 그리고 그는 국가기구들을 약화시키면서 케말리즘의 영향력을 축소시켰다. 이런 과정을 통해 3만 명 이상의 근본주의자들이 국가기관에 들어갔고 순수한 터키어, 곧 오스만튀르크어에 종교적 색채가 더해졌다. 또한 학교제도, 특히 설교자 양성학교, 이맘 양성학교 그리고 중·고등학교가 이슬람화되었다.

하지만 에르바칸의 근본주의시대가 종언된 후 근본주의자들의 국가기관으로의 진입과 이슬람화된 학교들의 운영에 다시 제한이 가해졌다. 그리고 케말리즘의 수호자로 여겨지고 있는 터키 군부도 다시 수많은 이슬람주의적 장교들을 해임했다.

에르바칸이 총리직에서 물러나고 레파당이 간판을 내린 후 이슬람주의자들은 터키의 진로를 둘러싼 갈등 상황에 빠져들게 되었다. 이 시기 이후 터키는 서방적이고 세속적인 방향성을 지향하는 진영과 이슬람주의적 방향성을 내세우는 진영으로 양분되었던 것이다. 2002년 11월 총선에서 정교분리 국가로의 복귀를 주장하는 진영과 이슬람의 정치화를 추구하는 진영 간의 갈등이 분명하게 드러났다. 이 선거에서 레제프 타이이프 에르도안Recep Tayyip Erdoğan, 재임 2003~2007이 총리에 당선되고 그가 이끄는 정의발전당이 압승을 거두었다.

물론 헌법은 터키 공화국을 아타튀르크의 민족주의와 결합되어 있고 민주주의적, 정교분리주의적 그리고 사회적 근본 원칙들에 근거해 있는 법치국가로 규정하고 있다. 또한 대통령은 국회의원과 마찬가지로 자신의 복무 선서에서 아타튀르크의 원칙들과 개혁, 정교분리적 공화국의 원칙을 수호하겠다는 결연함을 표명해야만 한다. 그럼에도 에르도안과 정의발전당의 승리는 케말리즘을 다시금 위기 상황으로 몰아넣었다.

현재 터키 사회는 깊은 분열 가운데 놓여 있다. 터키 사회는 지도층 및 서구화된 도시의 구성원들과 지방의 거주자들로 양분되어 있다. 터키의 지도층은 이 두 가지 사상, 케말리즘과 이슬람 전통을 조화시키기 위해 노력하고 있다. 근대화를 추구하면서도 오스만튀르크 제국에 뿌리를 두고 있는 이슬람 전통을 보존하려고 애쓰는 것이다. 지방에 거주하는 이들은 케말리즘과는 독립적으로 자신들의 일상생활에 미치는 이슬람의 영향력을 확인하고자 한다. 과거와 마찬가지로 그들에게 세계는 여전히 소아시아의 마을이다. 이런 인식이 현재 소아시아 지방들이 보여주고 있는 경제의 저발전이나 종교 전통에 대한 집착에 영향을 미치고 있는 것이다.

5 새로운 알카에다 테러리즘

이라크에서의 테러리즘

'알카에다' 라는 용어는 이제 신문 지면을 통해 너무 쉽게 접할 수 있는 단어가 되었다. 그러나 이 용어는 이데올로기적으로 잘못 인식되고 있다. 우리는 중앙집중적 테러리즘에서 분산된 테러리즘으로 변화하는 알카에다 조직의 최근 경향을 고려할 때 '알카에다' 라는 용어가 지닌 실제 의미를 제대로 파악할 수 있을 것이다. 2001년 9·11 테러를 감행한 알카에다는 아프가니스탄에서 전쟁을 일으키고 그곳의 훈련장을 해체시킨 후 계획적으로 조직을 분산시켜 지역화하기 시작했다. 오사마 빈라덴이 지휘하는 핵심 알카에다뿐 아니라 60개국이 넘는 나라에 알카에다의 지역조직들이 형성되어 있다. 이 지역조직들의 공통점은 지하드 이데올로기와 자살폭탄테러에 있다. 이렇게 분리되어 활동하는 알카에다 그룹들의 목적은 전 세계적으로 충격을 가할 만한 테러

행위를 수행하는 것이다. 하지만 이런 목적을 추구하는 과정에서 알카에다 조직은 해당지역의 테러리스트들과 연합해서 활동하기도 하고 혹은 그들과 무관하게 독립적으로 행동을 취하기도 한다. 알카에다이즘은 이러한 알카에다 조직들에서 나온 사상이다.

알카에다가 해당 지역의 테러리스트들과 분리되어 독립적으로 활동하는 나라는 이라크다. 미국이 이라크 문제를 다루는 방식과 2003년 3월 20일의 이라크 전쟁에서 드러낸 일방적인 군사적 예방 전략은 지하드를 주장하는 이들에게 결정적인 명분을 제공해주었다. 미국을 비롯한 서방국가들이 이슬람을 억압하기 위해 전쟁을 일으킨 것이라는 알카에다의 분석은 사실로 드러났다.

부시 행정부가 국제적인 위임이나 확실한 근거 없이 강행한 이라크 전쟁과 그 이후의 상황은 알카에다이즘의 형성을 촉진시켰다. 그것은 미국이 사담 후세인과의 전투에서 승리하면서 중동의 이슬람 국가들 가운데 시리아와 더불어 유일하게 정교가 분리된 나라를 파괴했기 때문이다. 이로써 미국은 '판도라의 상자'를 열어버렸고 수니파와 시아파의 갈등을 심화시켰다. 수니파 테러리스트들과 시아파 테러리스트들이 서로 격돌하면서 테러의 전선이 더욱 확대되었다. 2005년 1월 30일 선거에서 발생한 테러로 인해 부시 대통령이 주장하는 이라크 민주주의의 실현이 어느 정도 설득력을 갖게 되었다. 하지만 이라크에 자유와 민주주의를 가져다준다는 부시의 비전은 민족적이고 종교적인 집단들의 존재를 충분히 고려하지 못하고 있기에 현실화되기 어렵다. 민족과 종파는 이라크에서 매우 중요한 사회적 요인이다. 이라크 사람들은 자신을 개인으로서가 아니라 집단의 구성원으로 인식하고 있기 때문이다.

이라크에서 발생하는 가장 강도 높은 테러들은 요르단 출신의 테러리스트인 알자르카위Abu Mussab al-Sarkawi, 1966~2006가 이끌던 테러 집단에 의해 수행되어왔다. 이라크 알카에다의 최고지도자로 불렸던 알자르카위는 지역 테러단체들과 독자적으로 공격을 감행하는 테러리스트들의 화신이라고 할 수 있다. 그에게 지하드는 피를 요구하는 것으로서 절대적인 필수사항이다. 알자르카위는 자신이 자행하고 있는 연쇄적인 테러 공격과 외국인 인질들의 처형이 이슬람법에 의해 정당화될 수 있다고 주장했다. 서방국가들을 향해 거대한 테러 공격을 통고했던 그는 중동에서 칼리파트를 형성하기 위해 노력했으나 결국 2006년 미군 특수부대와 요르단 군의 공습으로 사망했다.

북캅카스에서의 테러리즘

이라크에서와 달리 러시아의 캅카스 공화국에서는 알카에다와 지역적인 테러리스트들 사이에 연합활동이 유기적으로 이루어지고 있다. 2004년 9월 1일 북오세티야 공화국의 도시 베슬란에서 발생한 인질극은 9·11 테러 이후 가장 비극적인 테러로 평가되고 있다. 캅카스 공화국의 경우 알카에다 이데올로기가 베슬란 인질극을 통해서 처음으로 가시화된 것은 아니다. 이 인질극을 주동한 자들은 잉구세티야와 북오세티야, 체첸 출신의 민족주의적 이슬람주의자들이었다. 그들은 그동안 블라디미르 푸틴Vladimir Putin, 재임 2000~ 대통령과 그의 군대가 체첸공화국에서 물러날 것을 강력하게 요구해왔다.·그 지역의 알카에다 단체들도 푸틴 대통령과 그의 군대가 철수할 것을 요구해왔다. 이들은 8만 명의 러시아 군인들이 수년 전부터 체첸에 주둔하면서 무력을 행사하고 있고 그로 인해 20만 명 이상의 민간인들이 죽어갔다는 사실에 격렬하게 항의했다. 이런 상황 아래서 북캅카스는 현재 강력한 알카에다 이즘이 확산되어가고 있다.

체첸 반군의 지도자 샤밀 바사예프Shamil Basayev, 1965~2006는 일찍이 아프가니스탄 알카에다 훈련소에서 교육을 받았다. 그는 베슬란의 인질극을 배후에서 조종하고 2005년 10월 카바르디노발카르 자치공화국의 수도 날치크에서 일어난 테러 공격을 주도했다. 그러나 바사예프는 그 이전부터 국제사회에 널리 알려져 있었다. 1995년 6월, 그는 러시아 남부에 위치한 부됴놉스크의 한 병원에서 1천 명이 넘는 사람들을 인질로 한 테러를 저질렀는데 이때부터 다게스탄과 북오세티야 사이에 있는 지역들에서 활동하는 반군단체와 테러단체는 이슬람 국가의 무장투쟁 단체들과 알카에다 단체로부터 지원을 받았다.

이 반군단체들과 테러단체들은 사우디아라비아의 테러단체 바하비요운으로부터도 재정적인 지원을 받고 있다. 베슬란 인질사건 이후 러시아 정치제도가 급속도로 개편되었기 때문에 북캅카스의 알카에다화는 계속 확산될 것으로 여겨진다. 러시아는 연방정부의 중앙집권화가 강화되어 거의 모든 권력이 대통령 한 사람에게 집중되고 있다. 연방주의의 폐기로 인해 이제 푸틴 대통령의 막강한 권한은 크렘린에서부터 러시아 공화국과 각 지방에까지 행사되게 되었다.

알카에다 테러리즘의 구조

이라크와 캅카스 공화국들의 경우를 보면 알카에다는 해당 지역의 테러리스트들과 무관하게 독립적으로 활동하기도 하고, 그들과 연합해서 행동을 취하기도 한다는 사실을 알 수 있다. 이 두 가지 경우들에서 우리는 테러집단들의 유연한 연합체를 발견할 수 있다. 그런데 이런 형태의 연합체는 사실 아프가니스탄에서 존재했던 알카에다와 같은 구舊알카에다가 추구했던 것이다. 그러나 최근 들어 이런 유연한 형태의 연합체에서 벗어나 보다 포괄적인 이데올로기를 강조하는 움직임이 일어나고 있다. 이런 움직임은 세계의 이슬람화로서의 지하드를 지향하고 다양한 테러단체들을 결합시키고자 노력한다. 이런 테러단체들 가운데 몇몇 집단들은 알카에다 지도부의 지침을 수용하고 있는 반면 다른 몇몇 단체들은 알카에다 지도부의 비전만을 공유하고 있다. 지하드를 추구하는 이 테러단체들의 공통적인 전략은 중동에서의 미국의 간섭을 반대하고 북캅카스에서의 러시아의 개입에 저항하는 것이다.

알카에다를 소탕하려는 세력들은 알카에다 테러리즘이 점조직화되어 있어서 일망타진의 어려움에 처해 있다. 하지만 이런 문제가 해결될 수 없는 것은 아니다. 전 세계적으로 활동하는 테러단체들이 그 대항 세력들을 곤혹스럽게 만들고 있다는 것은 부인할 수 없다. 그렇기 때문에 알카에다를 약화시키고 와해시키는 과제는 지속적으로 수행되어야 한다. 알카에다의 강점은 곳곳에 편재해 있다는 것이다. 따라서 알카에다의 단체 가운데 하나가 발각되더라도 알카에다 조직 전체에 미치는 영향은 미미하다고 할 수 있다. 오사마 빈라덴은 강장동물인 히드라처럼 테러단체의 지도자가 계속 재생산될 수 있는 시스템을 구축해놓았다. 오늘날은 지역 테러단체들이 상당히 많이 조직되어 있기 때문에 테러의 위협은 과거보다 더욱 심각해지고 있다. 따라서 테러를 근절시키기 위한 시도는 세계 곳곳에서 이루어져야 한다. 뉴욕, 워싱턴, 마드리드, 베슬란, 런던에서뿐만 아니라 지역 알카에다 그룹들이 활동하는 모든 장소에까지 테러 조직들을 와해시키는 노력이 경주되어야 할 것이다.

IV
힌두교
ॐ

종교 근본주의와 종교분쟁

힌두교

힌두교는 인도의 종교다. 힌두교는 인도의 역사와 더불어 성장한 민족의 신앙체계라고 할 수 있다. 하지만 이들 민족은 인도 아대륙(亞大陸)에서 소수의 무슬림들과 함께 살아가고 있다.

인도는 남아시아를 주도하는 국가로 근자에 와서 괄목할 만한 경제성장률을 보이고 있다. 그러나 한편에서는 여전히 전통적인 사회질서가 지속되고 있다. 이런 사회질서는 종교적인 성격을 지닌 카스트제도에 근거해 있다. 카스트제도는 정치적인 영역에서도 사회구성원들을 구분 짓고 있다. 이런 사실들은 사회구성원들을 정치적·종교적인 갈등의 소지가 지속적으로 형성되고 있음을 의미한다. 또한 다수의 힌두교 신자들과 소수의 이슬람교 신자들 사이의 갈등도 존재한다. 특히 카슈미르 지역에서는 정치화된 힌두교와 이슬람교 사이의 충돌이 지속되고 있다. 물론 근래에 와서 양자 사이에 화해의 노력이 전혀 없었던 것은 아니지만 그럼에도 불구하고 카슈미르 문제가 해결될 조짐은 보이지 않고 있다. 인도 정부는 파키스탄 대통령 페르베즈 무샤라프Pervez Musharraf, 재임 1999~가 인도 북동부의 폭동사태에 간여하고 방글라데시를 인도 전복의 거점으로 이용한다고 비난하고 있다. 실제로 방글라데시의 항구도시 치타공을 통해 무기와 폭약이 인도에 있는 반군들에게 전달되었고 그 일부는 북인도의 루트를 통해 카슈미르에까지 건네졌다. 이로 인해 종교적 근본주의와 연관된 카슈미르의 갈등은 더욱 심화되었다.

1 힌두교 근본주의

베다와 우파니샤드

힌두교는 현대인들이 알고 있는 거의 모든 종교적 형태들을 지니고 있다.[1] 힌두교 신자들은 한 번에 파악할 수 없을 정도로 많은 신 관념들을 가지고 있다. 그러면서 그들은 하나의 신을 믿거나 아니면 이런 신, 혹은 절대자가 육화肉化된 여러 신들을 믿는다. 어떤 힌두교 신자들은 3대 신들 가운데 브라만Brahman보다는 시바Shiva나 비슈누Vishnu를 믿고, 또 어떤 힌두교도들은 여성 신을 숭배하기도 한다. 또 한쪽에서는 인격적인 존재가 아닌 절대자를 상정하기도 한다. 수많은 성스러운 문헌들과 신화들로 인해 우리는 힌두교가 통일적이지 않은 복잡 다양한 종교라는 인상을 갖는다.

힌두교는 다른 거대 종교들과는 그 근본에서부터 상당한 차이를 보이고 있다. 우선 힌두교는 단일한 창설자가 없으며, 유기적으로 형성되었다. 또한 선명한 교리도 없고 포교도 하지 않는다. 힌두교의 내용은 수행을 통해 진리를 깨달은 성자들, 곧 리시스rishis들에 의해 주어진 것으로 이해된다. 힌두교는 다양한 종교적 신앙과 행동을 중시하기 때문에 '정통적 교리Orthodoxy' 보다는 '정통적 실천Orthopraxis'을 더 강조한다. 힌두교의 경전으로는 무엇보다도 큰 권위를 갖고 있는 베다Veda와 우파니샤드Upanisad를 들 수 있다. 여기서 우리는 간디 Mohandās Gāndhī, 1869~1948의 다음과 같은 말을 염두에 두어야 한다.

> 힌두교 경전에 대한 내 신앙은 나로 하여금 경전의 모든 단어들과 구절들을 신적인 영감의 원천으로 인정하도록 강요하지는 못한다. …… 나는 경전에 대한 해석을 통해 나를 얽어매어 나로 하여금 그 해석이 근본적이라고 믿게 만드는 것을 거부한다.
>
> 로버트 재너, 『힌두교Hinduism』

고대 인도의 법전인 다르마샤스트라Dharmaśhāstras와 고대 인도의 종교관례집인 다르마사트라Dharmaśāstras에도 간디의 입장과 비슷한 견해가 나와 있다. 여기서 다르마Dharma란 도덕과 윤리의 토대로서 우주의 운행이 기초하고 있는 영원한 질서를 의미한다.[2]

유대교의 토라, 그리스도교의 성서, 이슬람교의 쿠란 그리고 불교의 대장경과 마찬가지로 힌두교에서는 베다와 우파니샤드가 주된 경전이 된다. 힌두교는 베다라고 불리는 오래된 문헌에서 유래되었다. 슈르티신의 말씀을 들은 현자들이 기록한 힌두교의 문헌 – 역자 주의 일부분으로 여겨지는 베다들은 계시로 이해되고 있다. 전통적으로 내려오는 베다들은 구전된 것이다. 이 베다들은 브라만 계급에 의해서만 낭송되고 있다. 베다 가운데는 리그베다가 가장 유명하다. 리그베다는 기원전 1000년경에 하나의 경전으로 묶였는데 신에 대한 의례 및 희생제의와 관련된 송가頌歌와 기도가 포함되어 있다. 이런 송가와 기도의 내용은 '내가 줄 테니 당신도 주시오'이다. "신이시여, 나는 당신을 찬양합니다. 그리고 나는 당신으로부터 하늘의 재물을 선사받기 위해 당신께 제물을 바칩니다."

베다 문헌들은 종교적 다원주의를 전제하면서 많은 신들을 거명하고 있다. 이런 종교적 다원주의에 관해 인도의 시인이자 철학자인 라빈드라나트 타고르Rabindranath Tagore, 1861~1941는 다음과 같이 이야기한다.

> 만일 단 하나의 종교가 세상에 범람하는 재앙이 인류에게 닥쳐온다면 신은 자신이 만든 피조물들의 영혼을 구원하기 위해 틀림없이 두 번째 노아의 방주를 마련할 것이다.[3]

특권화된 사제 계층이 형성되면서 희생제의에 관한 지식은 인식과 내적 지혜에 관한 지식으로 바뀌었다. 이런 사실은 무엇보다도 기원전 800~500년에 형성된 우파니샤드에서 확인될 수 있다. 우파니샤드는 진리를 직접적으로 경험한 스승과 제자들 간의 대화를 수록하고 있는 문헌들이다. 널리 알려진 바가바드기타는 형식적이고 내용적인 측면에서 보면 우파니샤드에 속한다고 할 수 있다. 바가바드기타는 무사 계급 출신의 영웅인 아르주나Arjuna와 그의 수레를 끄는 마부 크리슈나Krishna 사이에 오고간 대화들을 담고 있다. 대화를 통해서 분명히 드러나는 바와 같이 크리슈나는 신이다. 크리슈나는 힌두교의 3대 신에는 속하지 않지만 비중 있는 신으로 간주되고 있다. 이런 대화를 통한 가르침은 힌두교의 전형적인 특징을 이룬다. 힌두교에서 개인은 자신의 스승을 찾게 만드는 자극을 느낄 수 있어야 한다. 구원받지 못했다는 사실은 신자들로 하여금 스승과의 직접적이고 개인적인 접촉을 통해서만 경험할 수 있는 성취감을 얻도록 자극한다. 우파니샤드는 일종의 '비교秘教' 철학이다. 일례로 우파니샤드는 유일하고 절대적인 신에 대해 숙고하고 인간 영혼 안에서 이런 신과의 일치를 추구한다. 우파니샤드 문헌들은 계시적 성격을 지닌 것으로 인정받고 있다.

업業과 윤회의 사상

힌두교적 사고에서 다차원적인 창조신학은 형벌, 보상, 은총과 결합되어 있는 윤회설과 일치한다. 운명에 대한 신앙은 행위에 의존하는 윤회로 대체된다. 업과 윤회는 한 인간의 실존과 사회적인 지위가 전생에서 그가 행한 바에 의존한다는 설명방식이다. 업의 법칙은 일종의 인과법칙이다. 모든 행동들은 새로운 행동들의 원인으로 작용하는 삶의 조건을 이룬다. 람 아다르 말Ram Adhar Mall은 이를 다음과 같이 표현한다.

"신앙이 깊은 힌두교 신자는 초자연적이고 영적인 영원한 힘이 모든 세속적이고 물질적인 사물들과 현상들의 기초가 된다고 믿고 있다. 전체 우주를 생성한 것이 인간도 만들어내는 것이다." 나아가 이 힌두교 신자는 "자신 안에 있는 불멸의 마음이 존재한다는 것과 이 마음이 자신의 죽음 이후에 다른 존재로 옮아간다는 것"[4]을 믿고 있다. 이런 옮아감에 작용하는 힘이 업의 법칙이다.

업을 통해 우리는 두 가지 시간적 차원들을 인식할 수 있다. 과거를 지향하는 것과 미래를 지향하는 시간적 차원이 그것이다. 현재의 삶은 전생에서의 행동들에 의해 규정된다. 미래의 삶 또한 현생에서의 행동들에 의존해 있다.[5] 그러므로 업은 미리 규정된 사실로 이해되어서는 안 된다. 자신의 운명을 감내해야만 하는 숙명론적인 힌두교 신도를 상정하는 입장은 업의 법칙을 오해한 데서 생겨난다. 업의 법칙에 따르면 인간은 자신의 행동을 통해 자신의 운명을 결정하는 존재라고 할 수 있다. '선한 행동이 선한 결과를 가져온다'는 믿음은 인간이 미래로 무력하게 내던져질 존재가 아니라 자신의 미래를 스스로가 일구는 존재라는 점에서 미래를 위한 추진력을 제공해준다. 업의 법칙에 따른 인과응보는 개인의 행위에 커다란 영향을 미친다. 어떤 사람도 자신의 행위로부터 벗어날 수 없다. 업의 법칙은 윤리적인 목적의 실현을 위해 소용될 수 있으며, 인간으로 하여금 악한 행위를 버리고 선한 행위를 취하도록 유도하는 강력한 자극제가 되는 것이다.[6]

힌 두 교 의 이념형적 사분법과 카 스 트 제 도

힌두교는 이념형적 사분법을 선호한다. 그래서 인생의 목적과 단계, 그리고 카스트를 네 가지로 분류한다.

우선 네 가지 인생의 목적들 가운데 최고의 단계는 윤회로부터 벗어나기 위해 노력하는 것이다. 이런 노력이 나머지 세 가지 목적과 조화롭게 연결되어 있다는 사실을 깨달을 때 행복과 구원에 도달할 수 있다. 여기서 말하는 나머지 세 가지 목적들이란 '도덕 지침들에 근거해서 올바르게 행동하는 것', '생계와 물질적 욕구를 충족시키기 위해 애쓰는 것', 그리고 '의미 있는 기쁨을 얻기 위해 노력하는 것'을 의미한다.

또한 힌두교에서 이야기하는 네 가지 인생의 단계들은 다음과 같다. 첫 번째는 의무와 도덕에 관해 배우는 단계이며, 두 번째는 자신의 가족을 형성하는 단계다. 세 번째는 속세로부터 빠져나와 은둔생활을 하는 단계이고, 마지막 네 번째는 유랑하는 수도자로 해탈의 경지에 도달하는 단계다.

힌두교에서 이념형적 사분법은 사회를 카스트제도로 나누는 데서 분명하게 드러난다. 카스트제도는 인도의 문화영역을 특징짓고 있다.[7] 나아가 이 제도는 다르마, 카마Kāma 그리고 캄사라Kamsāra와 긴밀하게 연결되어 있다. 이와 관련해서 선한 행동 및 악한 행동의 결의론과 카스트제도는 힌두교 신도들의 종교적, 사회적, 도덕적 시스템을 구축하는 양 기둥이다. 힌두교 신자들은 한 카스트의 일원으로 확고한 질서 아래 편입된다. 카스트는 위계질서를 갖춘 집단들을 지칭한다. 이 집단들은 전통적인 규칙들과 관례들을 갖추고 있다. 카스트는 네 가지 계급들로 구성되어 있다. 브라만 계급, 크샤트리아 계급, 바이샤 계급, 그리고 수드라 계급이 그것이다. 육체적인 노동을 하는 수드라 계급은 자신들을 평가하는 외부 기준, 곧 다른 카스트들을 필요로 한다. 왜냐하면 수드라 계급 안에서는 의미 있는 것이 거의 없기 때문이다. 각 계급의 사람들은 자기 계급의 지위를 높이기 위해 노력하고 있다. 자기보다 더 낮은 카스트와의 접촉은 지위를 하락시키는 반면 자기보다 더 높은 카스트와의 접촉은 지위를 상승시킨다. 때문에 각각의 카스트는 낮은 카스트들과의 접촉을 제한하는 반면 높은 카스트들과의 접촉을 장려하고 있다. 카스트제도에는 카스트가 없는 사람들과 불가촉천민들도 포함되어 있다. 이런 특징을 지닌 카스트제도는 최상위 계급인 브라만 계급의 이해관계를 충실히 반영하고 있다. 브라만 계급에게 카스트제도는 전통적인 인도의 세계관을 구성하는 주요한 요소가 된다. 브라만 계급에 따르면 카스트제도를 없애려고 하는 사람은 영원한 세계질서에서 벗어나게 된다.

서사시 마하바라타와 힌두교 근본주의

힌두교에서 서사시 마하바라타는 특별한 의미를 갖고 있다. 마하바라타는 오랜 세월에 걸쳐 구전되어 오면서 계속적으로 수정되고 보충되었다. 이 시는 영웅시대의 귀족출신 형제들 사이에 벌어진 전쟁을 다루고 있다. 따라서 이 시 자체로는 종교적인 작품이라고 할 수 없다. 그러나 이 시는 힌두교적인 관점에서 해석되면서 종교적인 작품으로 변하게 되었다. 마하바라타에서는 폭력이냐 비폭력이냐 하는 물음뿐만 아니라 다르마냐 아다르마냐 하는 물음도 중요하게 다루어지고 있다. 다르마는 정의를 구현하는 세계의 법칙을 의미하고 아다르마는 다르마의 반대 개념으로서 정의와 덕이 결여된 상태를 의미한다. 이 서사시의 핵심 인물은 아르주나Arjuna다. 아르주나의 태도를 통해 다르마와 아다르마의 대립 관계가 잘 드러나고 있다.[8]

마하바라타의 내용을 요약하면 다음과 같다. 아르주나는 자신에게 일어난 부당한 일을 인식했음에도 불구하고 형제간의 전쟁을 거부하고 내적 평화를 얻기 위해 수도자가 되려고 한다. 이때 아르주나의 마부인 크리슈나는 그에게 다르마와 개인 안에 들어 있는 다르마인 스바다르마Svadharma를 상기시킨다. 크리슈나에 따르면 형제간의 전쟁으로 인해 파괴된 정의를 다시 회복하는 것이 아르주나의 의무라는 것이다. 하지만 아다르마가 아르주나 안에서 자신을 관철시키려고 한다. 이때부터 다르마와 아다르마의 대결이 시작된다. 다르마와 아다르마가 서로 대립하고 있을 때 크리슈나는 아다르마에 의해 사로잡힌 아르주나에게 자신의 과제를 상기시킨다. 크리슈나는 만일 인간이 자기 의무에 충실하게 되면 정의로운 일을 위해 싸우게 될 것이라고 한다. 반면에 인간이 싸우기를 거절하게 되면 명예를 잃게 되는데 이는 죽음보다 더 비참한 상태라고 말한다. 이런 이야기를 통해 아르주나는 결국 크리슈나에게 설득당한다. 서사시 마하바라타는 형성 과정에 있던 힌두교에 브라만교의 주장을 요약해서 전달해주었다.

다르마와 아다르마의 대립은 힌두교 근본주의의 종교사적 배경을 이루고 있다. 다르마와 아다르마의 대립, 곧 선과 악의 대립이 새로운 관점에서 접근되고 있는 것이다. 이 관점은 힌두교 신자들을 다르마와 연결시키는 반면 무슬림들을 아다르마와 연관시킨다. 이를 통해 무슬림들은 정의와 덕이 결여된 존재로, 힌두교 신자들은 정의와 인간적 도덕 및 윤리를 지닌 존재로 간주된다. 다시 말해서 힌두교 신자들은 선의 현현인 반면 무슬림들은 악의 화신이라는 것이다. 이런 선과 악의 대립구도가 형성되면서 힌두교 쪽으로 선에 이르는 길이 열리게 되었다. 이런 사실은 서사시 마하바라타에서 분명해졌다. 이 시에서 크리슈나는 아다르마가 강화되는 상황에서는 언제나 다르마를 재형성하기 위해 나타나고 있다.[9]

2 인도 : 카스트문제 및 힌두교와 이슬람교의 갈등

파키스탄의 분리와 네루의 세속주의

인도의 초대 총리 자와할랄 네루Jawaharlal Nehru, 재임 1947~1964는 세속주의의 이념을 실현하기 위해 노력했다. 그는 처음부터 인도에 존재하고 있는 힌두교와 이슬람교 사이의 끈질긴 갈등과 마주했다. 당시 인도를 점령하고 있던 영국은 간디와 네루의 의지를 묵살하고 무슬림들이 거주하고 있던 인도의 북서부 지역에 파키스탄이라는 새로운 국가를 만들어 분리시켰다. 하지만 파키스탄의 분리는 영국의 의도와는 다른 결과를 초래했다. 인도 무슬림들의 3분의 2만이 파키스탄으로 이주했을 뿐 나머지 3분의 1은 계속 인도에 거주했기 때문이다. 그 결과 중국에 이어 세계에서 두 번째로 인구가 많은 인도에서 종교 갈등의 문제가 생겨나게 된 것이다.[10]

네루가 추구했던 세속주의 이념은 이런 갈등 상황에서 거의 구체화될 수 없었다. 카스트제도를 고집하는 힌두교 사회 속에서 자유란 평등이나 형제애가 없는 자유만을 의미했고, 세속주의 이념은 종교적 문제뿐만 아니라 다른 사회적 문제들까지도 포함하고 있기 때문에 대중들로서는 이해하기 어려운 개념이었다. 종교와 국가의 분리를 지향하는 서구의 세속주의 이념과는 달리 인도에서는 세속주의 이념이 특수한 문제점을 지니고 있었다. 힌두교 신자들에게 다르마는 단지 종교만을 뜻하지 않고 우주의 질서와 인간적 도덕 및 윤리의 토대까지도 의미하기 때문이다. 즉, 다르마 개념은 세속주의 이념을 수용할 수 없다. 인도의 헌법 제3조에는 다음과 같은 내용이 나와 있다.

> 모든 시민들은 종교, 인종, 카스트, 성性, 출생지 등과 관계없이 법 앞에서 평등하다. 그들에게 어떤 형태의 불이익도 있어서는 안 된다.

인도사회에서의 카스트제도

20세기 중반, 인도인들은 영국으로부터의 독립과 더불어 카스트제도가 극복되고, 종교적이고 문화적인 소수자들이 법적으로 보호받을 것이라는 희망을 가졌다. 다수의 종교, 언어, 인종, 카스트, 민족 들로 구성된 인도사회는 '다양성 속의 통일'을 이루기 위해 분투했다. 하지만 현실은 달랐다. 영국인들은 근대적인 것이 확산되는 그 당시 분위기와는 반대로 카스트제도를 지지했다. 지배세력인 영국에게 카스트제도의 위계질서는 인도사회를 용이하게 통치할 수 있게 해주는 중요한 수단으로 인식되었기 때문이다.

영국의 식민 상태에서 벗어난 후 인도에서는 카스트 없고 계급 없는 사회가 주창되었다. 종교적으로 재가된 카스트제도는 인도 인구의 75퍼센트 정도를 포괄하는 촌락에까지 적용되는 질서원리였다. 인도의 지배층은 카스트제도가 사회변동을 방해하는 약점을 지님에도 불구하고 자신들이 정치적 안정을 위해 카스트제도를 유지했다. 비교적 높은 계급인 크샤트리아 출신 간디도 카스트제도의 과도한 적용은 거부했지만 카스트제도 자체에 대해서는 반대하지 않았다. 오히려 간디는 다음과 같이 이야기했다.

"나는 본래적인 분리를 포기하려는 어떤 시도에 대해서도 반대한다. 카스트제도는 불평등에 기초한 것이 아니다. 나는 카스트제도가 힌두교의 해체를 방지해 준다고 생각한다."[11]

카스트제도가 힌두교를 보존해왔다는 간디의 이런 생각을 수용한다면 우리는 "다르마와 업의 법칙, 그리고 카스트제도는 사회적 시스템과 민주적 시스템을 안정화시키는 데 결정적으로 기여하고 있다"[12]는 결론에 도달할 수 있다.

여기서 이런 질문이 제기될 수 있다. 카스트제도가 계속 존재하여 전 인도인의 80퍼센트를 차지하고 있는 낮은 카스트들의 사회적 신분 상승과 경제적 계층 상승이 거의 불가능하다면 인도의 민주주의가 어떻게 성립할 수 있겠는가? 이것은 특히 오늘날까지 사회의 바닥 계층을 이루고 있는 불가촉천민들에게 해당되는 질문이다.

인도의 사회적 지형은 변화에 변화를 거듭하고 있다. 40년 전 근대화론이 절정의 상태에 도달했을 때 인도에서는 카스트제도 내에 속하는 것, 종교 공동체 안에서의 연대, 그리고 자기 지역과 언어에 대한 충성 등이 후진적인 것으로 간주되었다. 그러나 세월이 지난 현재 인도의 지도층은 또다시 카스트제도가 정치적 안정화에 기여하고 있다고 주장한다. 오늘날 다양한 카스트와 공동체의 엘리트들은 정치적이고 경제적인 이해관계를 관철시키는 일에 큰 관심을 갖고 있다. 네 가지로 나뉘었던 단순한 카스트들은 약 3천 가지의 복잡한 카스트들로 세분화되었다. 막스 베버는 인도의 카스트를 "외적으로는 제의적인 동질성과 혼인 가능성을 통해 경계가 정해지고, 내적으로는 부정적이거나 긍정적인 특권과 경제활동을 통해 결합되어 두드러진 사회적 공동체"[13]라고 정의한다. 또한 막스 베버의 견해에 의존해서 우리는 카스트를 자치적인 집단으로서 지도층과 내부 통제 메커니즘을 가지고 있어서 그 이외의 권위 영역이나 더 높은 권위 영역을 인정하지 않는 단체로 규정할 수 있다.[14]

힌두교와 이슬람교 사이의 갈등

인도에서 힌두교 근본주의는 대개 힌두 민족주의의 형태로 나타난다. 앞에서 언급한 바와 같이 힌두교 민족주의는 다르마(도덕과 윤리)와 아다르마(부덕)를 대립시키고 선과 악을 구분하는 일에 집중한다. 힌두교 근본주의는 단순하게 힌두교를 선으로, 이슬람교를 악으로 간주한다. 또한 이슬람주의에서와 마찬가지로 종교를 정치적 투쟁의 도구로 삼는 종교의 정치화가 이루어진다. 그럼에도 힌두교 근본주의자들은 두 가지 이유를 들어 자신들을 이슬람주의와 구별하고 있다. 첫째는 힌두교 근본주의가 이슬람주의보다 덜 이데올로기적이라는 점이고, 둘째는 힌두교 내에서 힌두교 근본주의와 힌두 민족주의로의 전이가 자연스럽다는 점이다. 인도 내부에서 이 두 근본주의 형태들은 특수한 갈등으로부터 생겨나는 것이기 때문에 이 대목에서 우리는 근본주의적 갈등으로 이어지는 힌두교와 이슬람교 사이의 갈등에 관해 말할 수 있다.

힌두교 신자들과 이슬람교 신자들 사이에서 생겨났던 여러 가지 갈등을 살펴보면 우리는 그 가운데 하나의 사건이 세계를 떠들썩하게 만들었다는 사실을 알게 된다. 1992년 12월 열광적인 힌두교 근본주의자들이 인도 북부 아요디아에 있는 이슬람의 유명한 바브리 사원을 파괴한 사건이 그것이다. 이후 10년간의 정치적 선동에 이어 힌두 민족주의 운동 단체들은 이곳에 힌두교 사원을 짓기 시작했다. 이슬람 사원을 파괴한 후 그곳에 힌두교 사원을 짓는 행위는 종교적인 모욕이라고 할 수 있다. 급진적인 힌두 단체들, 특히 세계힌두협회World Hindu Council가 힌두교 사원 건축에 착수할 것이라는 소식이 전해지자 이슬람교 신자들은 테러를 감행했다. 2002년 2월 힌두교 순례자들이 탄 열차를 공격해 50여 명의 사망자가 발생한 것이다. 이 사건에 대한 보복으로 구자라트 주에서는 이슬람교 신자들에 대한 힌두교도들의 대규모 폭력 행위가 발생했다. 50일 동안 지속된 이 폭력 행위로 인해 이슬람교와 힌두교 양쪽을 모두 합쳐 855명 이상이 사망했으며, 구자라트 주의 도시인 아마다바드에서만 120채의 호텔이 파괴되고, 43채의 이슬람 사원이 파괴되거나 손상되었다.

구자라트 사태는 폭력적인 대응이 새로운 적대 행위를 낳게 된다는 사실을 보여주는 전형적인 사례가 되었다.[15] 과격한 무슬림들이 힌두교의 입상들, 사원들, 그리고 성자의 무덤들을 파괴하자 이에 힌두 민족주의자들은 무슬림들의 범汎이슬람주의와 유사 종교적 행렬들에 대항해 힌두교도들을 선동하는 캠페인을 벌였는데 이 캠페인은 곧 바로 폭력적인 시위로 변화된다.[16] "이런 선동은 전사회적인 소요를 낳게 되고, 이 소요는 또다시 정치(또는 선거)에 분명하게 영향을 미치게 된다."[17]

힌두 민족주의자들의 이런 선동은 다시 무슬림들의 방어행동을 불러왔다. 비록 무슬림들의 방어행동이 단지 돌을 던지는 형태로 나타날지라도 선동대열에 있는 힌두 민족주의자들은 이러한 방어행위에 대해 강력한 폭력으로 대응하게 된다. 라자스탄 주 자이푸르에서 있었던 종교적 행렬은 마디아프라데시 주 카르고나에서의 종교적 행렬보다 규모가 작았지만 이와 동일한 결과를 초래했다. 자이푸르에서 행렬이 이슬람 사원에 도착했을 때 폭탄테러가 발생했다. 그리고 비하르 주 바갈푸르에서도 유사 종교적 행렬이 있었는데 이에 대해 한 목격자는 다음과 같이 서술했다.

> 마하데브 싱Mahadev Singh, 인도국민회의 소속 정치인 – 역자 주과 그가 속한 행렬은 흥분상태에 있는 것 같았다. 이 행렬이 차타르푸르를 횡단할

때 사람들은 그것이 힌두교의 큰 승리를 의미한다고 믿고 있었다. 대중은 자신들의 힘에 도취되어 있는 것 같았고 이슬람교를 반대하는 구호를 광적으로 외치고 있었다.

《인디아 위크India Week》 1989년 11월호

이슬람에 대한 혐오가 얼마나 심했는지는 2003년 8월 인도의 경제 도시 뭄바이에서 폭탄테러가 발생했을 때 분명하게 드러났다. 폭탄테러는 힌두교 사원 근처 시장과 뭄바이의 상징인 게이트웨이 인디아에서 일어났다. 이 두 테러 사건들은 뭄바이의 정책과 관련이 있었던 것으로 추측된다. 뭄바이는 힌두교적인 카스트 질서에서 하류층을 형성하고 있는 무슬림들을 억압하는 정책을 지속적으로 추진해왔다. 아탈 바지파이Atal Vajpayee, 재임 1996, 1998~2004 전 인도 총리를 비롯한 힌두교 민족주의적 정치가들은 파키스탄에 본거지를 둔 이슬람주의 테러단체인 라시카르이토이바Lashkar-i-Toiba가 이 폭탄테러들을 주도했다고 주장했다. 뿐만 아니라 2005년 10월 말에는 뉴델리에서 거행된 힌두교의 디왈리 축제 전에도 세 번의 폭탄테러가 발생했다. 사건 발생 후 라시카르이토이바는 자신들이 이 테러들을 자행한 것이라고 발표했다.

3 카슈미르 갈등

카슈미르 영유권 분쟁

핵무기를 보유한 인도와 파키스탄이 공식적으로 평화를 선언했음에도 불구하고 상호 접경 지역에서의 갈등은 계속 심화되고 있다. 특히 카슈미르의 영유권을 놓고 양자는 첨예한 대립각을 세우고 있는 상황이다. 힌두교 근본주의와 이슬람 근본주의는 서로 상대 진영에 카슈미르의 영유권을 증명하라고 요구하고 있다. 그러면서 자기 진영의 주장만 강조할 뿐 다른 진영의 이야기를 수용하지 않는다. 인도는 오랜 협상의 결과물인 현재의 카슈미르 분리에 만족하고 있으나 파키스탄은 3년 안에 카슈미르 전 지역을 인도와 공동으로 통치하는 방안을 놓고 다각도로 인도 정부를 압박하고 있다.

현재 카슈미르는 인도령과 파키스탄령으로 분리되어 전선이 분명하게 형성되어 있기 때문에 이 양자 사이에는 버스의 통행조차 불가능한 상태다.

1947년 8월 인도 총독 루이스 마운트배튼Louis Mountbatten, 1900~1979 이 인도 아대륙을 분리하여 인도와 파키스탄 두 나라로 독립시켰을 때 이 새로운 두 나라는 양자 간의 국경이 어떻게 설정되고 국경과 관련되어 어떤 문제들이 발생하게 될지 미처 알지 못했다.[18] 인도와 파키스탄의 분리를 발표한 지 하루 뒤 마운트배튼은 구체적인 분리안을 발표했다. 이 분리안은 많은 사람들에게 죽음 혹은 난민 상태를 의미하게 되었다. 하지만 이 분리안은 인도 내에서 영국령에 속하지 않는 많은 토후국들에게는 영향을 미치지 못했다. 그 결과 다수의 무슬림들이 살고 있던 카슈미르 토후국까지 인도에 속하게 되는 사태가 발생했다. 카슈미르 토후국의 마지막 마하라자이자 힌두교 신자인 하리 싱Hari Singh, 1895~1961 이 파키스탄 무장 세력의 침입을 막기 위해 카슈미르 토후국을 이슬람 국가인 파키스탄이 아닌 인도에 편입시킨 것이다.

카슈미르가 인도에 편입되자 1947년 10월 파키스탄 무장 세력이 카슈미르의 탈환을 위해 침입했다. 이로 인해 제1차 인도-파키스탄 전쟁이 발발했으나 1948년 12월 유엔의 중재로 두 나라는 이듬해 1월부터 발효되는 휴전협정을 맺었다. 그 결과 카슈미르 내에 경계가 설정되었는데 이 경계는 오랫동안 인도와 파키스탄 사이의 국경으로 간주되었다. 1957년 인도는 자신이 점령한 잠무카슈미르를 연방주로 만들었으며, 파키스탄은 카슈미르의 서부지역인 아자드카슈미르를 차지했다. 이로 인해 카슈미르 전체는 분쟁지역이 되어버렸다.

인도와 파키스탄은 1965년부터 1966년까지, 그리고 1971년에 카슈미르를 두고 교전했다. 한편 카슈미르의 북동부지방은 1959년부터 중국에 의해 지배되고 있다. 카슈미르의 분리는 1972년 시믈라협정에서 승인되었는데, 이 협정에서 카슈미르 정전경계선은 통제선으로 확정되었다. 1980년대에 들어서도 카슈미르에는 인도 민병대와 이슬람주의적 해방투쟁 단체들 간의 무력 충돌이 끊이지 않았다. 1990년 인도와 파키스탄은 카슈미르 문제를 완전히 해결하기 위해 핵무기를 내세워 서로 상대 국가를 위협했으나 미국 정부의 저지로 양국 간의 핵전쟁은 일어나지 않았다.

이슬람 테러단체와 인도의 공안요원

카슈미르에서는 어떤 그룹들이 서로 대립했고 또, 대립하고 있는가? 이슬람 진영에는 어떤 단체들이 존재했고 존재하고 있는가?[19] 먼저 아프가니스탄인, 파키스탄인 그리고 아랍인으로 구성된 하르카트울무자히딘Harkat-ul-Mujahideen, HUM을 들 수 있다. 이 무장단체는 카슈미르에 이슬람적 질서를 구축하려는 목적을 갖고 있다. 두 번째 이슬람주의적 조직은 유명한 라시카르이토이바다. 이 단체는 약 3천 명의 용병들로 구성된 무장단체로 파키스탄 펀자브에 본부를 두고 있다. 그동안 힌두교 신자들, 특히 인도 경찰들에게 수많은 테러를 가해왔으며 또한 카슈미르에서 활동하고 있는 조직들 가운데 가장 잔인한 것으로 알려져 있다. 이 단체의 목표는 인도 전체를 이슬람의 지배 아래 두는 것이다. 세 번째 조직은 1995년 마울라나 마수드 아즈하르Maulana Masood Azhar에 의해 창설된 마르카트울안사르Markat-ul-Ansar다. 인도 당국에 의해 수감되었던 이 조직의 테러리스트들은 1999년 아프가니스탄행 에어 인디아 납치 사건의 협상결과로 석방되었다. 마울라나 마수드 아즈하르는 인도령 카슈미르에 대한 지하드를 촉구하고 있다. 이를 통해 그는 카슈미르를 파키스탄에 병합시키고자 한다. 네 번째 조직은 히즈불 무자히딘Hizbul Mujahidin이다. 이 조직은 1989년 초에 파키스탄의 참여 아래 결성되었다. 히즈불 무자히딘은 이슬람 정당인 자마트이이슬라미Jamā'at-i-Islami의 군사조직이다. 이 조직의 목표는 잠무카슈미르에 이슬람적 질서를 구축하고 잠무카슈미르를 파키스탄에 병합시키는 것이다. 마지막으로 파키스탄 군대를 들 수 있다. 파키스탄 정부의 공식 선언과는 달리 파키스탄 군대가 통제선 부근에서 일어난 군사 충돌에 연루되어 있음이 계속 드러나고 있다.[20]

이에 반해 인도 측에서는 준準군사 조직들과 공안요원들이 이들과 대립하고 있다. 1995년 이래로 카슈미르에서는 준군사 조직들이 공안요원들을 지원해주고 있다. 이 조직의 구성원들은 대부분 게릴라 부대 출신이다. 이들은 인도군 사령부의 통제를 받지는 않지만 공안요원들과 비슷한 권력을 행사하고 있다. 이 조직의 목적은 이슬람주의적 게릴라 단체들을 찾아내고 소탕하는 것이다. 한편 잠무카슈미르의 공안요원들은 인도 군대, 연방 공안부, 경찰, 국경수비대 출신이다. 1990년 이래 인도의 공안요원들은 군특별법령의 보호 아래 활동하고 있다. 이 법령으로 인해 미결상태에 있는 사람을 구류하는 것과 임의로 관련자를 처형하는 것이 용이하게 되었다. 인도령 카슈미르에서 이슬람교를 믿는 민간인들을 기소하는 것도 어렵지 않은 일이다. 공안요원들은 이슬람교를 믿는 민간인들과 다른 거주자들이 투쟁적인 이슬람주의자들의 보호를 요청하고 있다고 전제하면서 아무런 두려움 없이 이들에게 잔인한 행동을 가하고 있다. 공안요원들은 이들을 아무리 가혹하게 다루어도 법적으로 기소되지 않기 때문이다.[21]

카슈미르를 둘러싼 끝없는 유혈사태

바지파이 내각 아래서 인도령 카슈미르의 내부 상황과, 힌두교 근본주의와 이슬람주의 사이의 갈등은 새로운 국면을 맞게 되었다. 바라티야 자나타당은 힌두교와 이슬람교의 대립을 강화시키는 공격적인 정책을 구사했다. 바지파이의 목적은 그동안 인도령 카슈미르에 집중적으로 발생되어왔던 충돌 사건들을 가능한 한 파키스탄 쪽으로 옮기는 것이었다. 이는 규제적 성격을 지닌 강력한 정책이었다. 바지파이는 군사적인 수단을 동원해 무력봉기를 진압하고, 파키스탄으로부터 나오는 새로운 무장 세력들의 흐름을 차단하며, 인도 안에 있는 파키스탄 비밀경찰들을 소탕했다. 이런 조처들은 1994년 인도 국회의 결의를 통해 결정되었는데 이 결의에서 처음으로 잠무카슈미르가 인도에 속해 있음을 공식적으로 천명했다. 이처럼 바지파이는 강력한 대이슬람 정책을 추구했다. 이런 그의 정책은, 인도 정부 및 파키스탄 정부의 강력함과 안정화 사이에 관련성이 확인되고 카슈미르에서 타협 가능성이 가시화되는 경우에 한해서 정치적인 의미를 가질 수 있었다.

그러나 현실은 그렇지 않았다. 잠무카슈미르에서 인도 공안요원들과 이슬람주의자들은 독립적인 카슈미르 혹은 파키스탄으로의 병합을 내세우면서 현재까지 격렬하게 싸우고 있다. 카슈미르 분리주의자들과 공안요원들 사이의 총격전에서 지하운동 단체인 잠무카슈미르 이슬람 전선의 지도자가 사망했다. 파키스탄령 카슈미르에 있는 카후타의 한 이슬람 사원이 미사일 폭격을 당한 후 인도와 파키스탄 사이의 통제선에서 총격전이 발생했다.

1998년 마침내 인도와 파키스탄은 양국관계의 정상화에 방해가 되어왔던 카슈미르 문제를 놓고 대화를 재개했다. 그러나 두 나라 총리들은 자신의 입장만을 고수했기 때문에 미국의 중재 노력에도 불구하고 협상은 수포로 돌아갔다. 그러던 중 2000년 초 카슈미르 통제선에서 인도군과 파키스탄군이 또다시 충돌하는 사건이 발생했다. 또한 같은 해 이슬람주의자들이 인도 여객기를 납치해 그 승객들과 인도에 수감된 마울라나 마수드 아즈하르를 비롯한 세 명의 이슬람주의 지도자들을 맞교환할 것을 제의해 인질 교환에 성공하기도 했다. 사건이 있은 후 인도 정부는 파키스탄이 이 피랍 사건에 연루되어 있다고 비난했다.

2000년 1월에는 스리나가르에서 폭발사건이 발생했으며, 클린턴 대통령이 뉴델리를 방문하기 직전인 3월에는 스리나가르 남쪽에 위치한 초티 싱푸라에서 몇몇의 시크교도들이 살해되는 일이 발생했다. 이에 대해 인도 정부는 이 두 사건이 이슬람주의적 단체들에 의해 발생된 것이라고 주장하고, 파키스탄이 배후에서 이 단체를 조종했다고 비난했다. 결국 2000년 7월 두 나라 정상들이 화해의 제스처를 보이면서 회담을 했으나 카슈미르 문제에 관해 의견 일치를 보지는 못했다.

카슈미르 분쟁 해결을 위한 노력

카슈미르 문제에 대해 관련 집단들의 대응을 보면서 카슈미르의 미래가 어떻게 전개될지 가늠하기가 쉽지 않다. 과격한 이슬람교 신자들과 힌두교 신자들이 카슈미르에서 쌓아온 집단적 기억과 적대적 감정을 지워내는 것은 거의 불가능할 것이다. 그럼에도 불구하고 카슈미르 분쟁을 해결하기 위해서는 인도와 파키스탄이 지속적으로 대화해야만 한다. 카슈미르에서 첨예하게 대립하고 있는 인도와 파키스탄은 그동안 세계 여론을 무시해가면서 군비를 증가시켜왔다. 양국은 카슈미르 문제를 해결하기 위해서는 상호 간에 충분한 수단들이 강구되어야 한다는 사실을 여러 번 확인했다.[22] 1990년 핵무기로 인해 비상사태가 전개되었을 때 카슈미르 지역은 파멸지경에 이르렀다. 1998년 핵실험이 시도된 뒤에는 인도와 파키스탄에 대한 국제적 제재가 가해졌는데 이런 제재는 9·11 테러가 발생한 후에야 비로소 풀리게 되었다. 하지만 이 두 나라에 대한 제재가 사라졌다고 해서 두 나라가 카슈미르 주민들로 하여금 원하는 나라에 소속할 수 있도록 해주어야 할 의무가 없는 것은 아니다.

이에 대해서는 유엔이 1950년 내놓았던 중재안에 관해 살펴볼 필요가 있다. 이 중재안은 원래 호주 출신의 오언 딕슨Owen Dixon, 1886~1972에 의해 작성된 것이다.[23] 딕슨 이후에 코피 아난Kofi Annan, 1938~을 비롯한 세계의 많은 외교관들이 인도와 파키스탄 사이의 갈등을 누그러뜨리기 위해 노력했다. 한때 인도와 파키스탄이 딕슨이 제안한 잠무를 카슈미르 지역으로부터 분리시키고 UN이 요구한 주민투표를 실시하는 안을 수정해서 받아들이면서 약간의 화해무드가 생겨나기도 했다. 딕슨이 제안한 수정안은 주민의 다수가 힌두교 신자들로 구성되어 있는 잠무와 주민의 대부분이 불교 신자들인 라다크는 계속 인도에 남아 있고, 무슬림 지역인 길기트와 발티스탄은 파키스탄에 소속되어야 한다는 것이었다. 그리고 카슈미르 전체 주민들이 통일된 입장을 갖고 있지 않기 때문에 중앙에 있는 카슈미르 계곡Kashmir valley에 한정해 주민투표를 실시한다는 것이었다.

인도는 이 수정안을 수용할 것이라고 선언했지만 파키스탄은 이를 거부했다. 파키스탄은 카슈미르 지역 전체에서 주민투표를 실시하여 카슈미르 계곡뿐만 아니라 주변 지방들까지 소유하고 싶었던 것이다. 반면 인도 정부가 제한된 주민투표를 지지한 까닭은 카슈미르 계곡의 주민들은 대부분 무슬림이기에 파키스탄에 내주더라도 잠무와 라다크를 비롯한 몇몇 지역이 인도의 통치 아래 들어오기 때문이었다.

인도가 이런 제한적 주민투표를 받아들일 만한 이유는 오늘날에도 여전히 존재한다. 카슈미르 계곡에서 활동하고 있는 농민들의 정당인 국민회의National Conference는 주민들에게 좋은 평가를 받고 있다. 많은 카슈미르인들이 카슈미르의 분리독립인도와 파키스탄 양쪽으로부터 분리되는 독립 - 역자 주을 원하고 있지만 카슈미르 계곡에 국한된 주민투표를 통해 이것이 실현될 가능성은 없다. 그런데 카슈미르 계곡이 파키스탄에 병합된다고 하더라도 그곳 농민들은 자신의 토지를 계속 소유할 수 있을 것이다. 인도가 내세우는 방식의 주민투표를 실시할 경우 파키스탄은 힘겹게 승리하게 될 것이다. 왜냐하면 이런 투표 방식은 파키스탄의 건국 과정에서 형성되었던 주민투표의 신화와 연결되기 때문이다. 실제로 파키스탄은 주민투표가 아닌 행정력을 통해 성립되었다. 이렇게 주민투표는 부정적인 결과를 배제할 수 없는 것이다. 주민투표를 실시할 경우 파키스탄은 군비를 감축시키게 될 수도 있다. 반면 인도는 주민투표의 결과가 어떻게 나오든지 간에 이전보다 더 유리한 위치에 서게 될 것이다. 어쨌든 계속적으로 심화되는 카슈미르 갈등을 해결하는 유일한 방안은 투표를 실시하는 것이다. 물론 그 이전에 두 나라는 통제선 구역에 외국인 감독자들의 출입을 허용하고 인도령 카슈미르와 파키스탄령 카슈미르의 전 지역을 외국인 감독자들에게 남김없이 개방하는 것을 합의해야 할 것이다.

V
불교
卍

卍

불교

불교는 기원전 500년경에 석가모니에 의해 창시된 종교운동이다. 신적인 계시가 아니라 석가모니의 깨달음에 근거하고 있는 불교는 처음에는 소수의 추종자들에서 출발하여 나중에는 세계종교로까지 성장하게 되었다. 이런 그의 깨달음들에는 해탈에 이르는 길에 관한 가르침이 포함되어 있다.[1] 여기서 말하는 해탈은 누구나 도달 가능한 상태로서 다른 종교에서 나타나는 신앙이나 신적인 은총에 근거하지 않는다. 일반적으로 불교는 평화를 추구하는 종교로 간주된다. 그러나 동남아시아와 동아시아에서 불교는 기존의 지배 구조를 정당화하거나 정부를 비판할 뿐 아니라 다른 종교들과 갈등을 일으키기까지 하는 종교가 되었다. 특히 스리랑카에서 불교는 힌두교와 갈등 관계에 놓여 있으며, 일본에서 불교는 여러 학파들과 종파들을 가지고 6세기 이래로 개개인의 종교생활뿐만 아니라 정치를 비롯한 문화 전반에까지 결정적인 영향을 미치고 있다.

1 종교와 불교 근본주의

사성제四聖諦와 팔정도八正道

전해오는 이야기에 따르면 석가모니는 죽기 전 제자 아난다Ananda에게 다음과 같이 말했다 한다.

> 아난다여, 너희는 '우리에게 스승이 사라져 더 이상 스승이 없게 될 것이다' 라고 생각하겠지만 그것은 그릇된 생각이다. 내가 너희에게 일러준 가르침(다르마)과 규율이 내가 죽은 뒤에 너희에게 스승의 역할을 할 것이다.

그 후에 석가모니의 핵심적 가르침이 제자들에 의해 네 가지 고귀한 진리들, 곧 사성제로 종합되었다. 사성제의 목적은 사람들로 하여금 해탈의 상태에 이르게 하는 것이다.

사성제의 첫 번째 진리는 세상과 인간의 삶을 고통으로 간주한다.

인간 존재의 심리적 현상과 육체적 현상이 고통인 것처럼 모든 것이 고통이라는 것이다.

사성제의 두 번째 진리는 고통이 생성된 원인을 이야기한다.[2] 모든 존재는 무상하고 고통을 당한다. 그리고 모든 존재의 자아와 그 자아에 속해 있는 모든 것들은 텅 비어 있다. 하지만 모든 존재는 우연히 세상에 나타나는 것이 아니라 욕망을 통해 생겨나는 것이다. "해탈에 이르지 못한 인간은 끊임없는 윤회 과정에 있게 된다. 그리고 모든 존재는 전생에서 이루어놓은 행위들에 의해 규정된다."[3] 윤회 과정에서의 생성과 소멸은 연기법칙緣起法則에 따른다. 이 법칙에 따르면 생성은 행위에 닿아 있고 행위는 애욕에 닿아 있다. 애욕은 무지와 갈망을 말하는 것으로 무언가를 욕구하는 정신의 상태를 가리킨다. 또한 여기서 말하는 갈망은 감각적 즐김에 대한 갈망과, 존재에 대한 갈망, 그리고 높은 세계들에 대한 갈망을 포괄한다.

불교에서는 고통을 극복할 수 있다고 강조한다. 그렇다면 고통을 어떻게 극복할 수 있는가? 이 물음에 대한 답변이 사성제의 세 번째 진리다. 첫 번째 진리와 두 번째 진리가 생성의 세계와 관련된다면 이 세 번째 진리는 생성의 세계를 넘어서는 열반Nirvana이라는 무제약적인 차원과 연관되어 있다.

열반에 이르는 길을 가르쳐주는 것이 사성제의 네 번째 진리다. 이 네 번째 진리는 팔정도라고 부른다. 팔정도는 고통을 제거할 수 있는 방법이다. 곧 올바른 이해〔正見〕, 올바른 생각〔正思惟〕, 올바른 말〔正語〕, 올바른 행위〔正業〕, 올바른 삶〔正命〕, 올바른 노력〔正精進〕, 올바른 기억〔正念〕 그리고 올바른 집중〔正定〕이 그것이다. 팔정도에 의해 도달될 수 있는 열반은 욕망이나 애욕이 극복되어 고통스런 윤회로부터 벗어난 상태를 의미한다.

소승불교와 대승불교

스리랑카 불교로 대표되는 소승불교는 대승불교보다 더 오래된 불교의 흐름이다. 소승불교는 붓다의 원래 가르침과 밀접하게 연결되어 있다. 소승불교의 기본 텍스트는 팔리 경전이다. 팔리 경전은 불교 경전들 가운데 가장 오래된 것으로 세 부분으로 이루어져 있다. 즉, 석가모니의 가르침을 담은 경經과 석가모니의 가르침을 따르는 사람들이 지켜야할 도리를 담은 율律, 그리고 석가모니의 가르침이 지닌 의미를 연구한 론論이 그것이다.[4] 소승불교의 핵심적 가르침은 추구해야 할 목적으로서의 해탈, 해탈에 도달하게 하는 수단, 해탈에 도달해야 하는 이유로 구성되어 있다. 해탈에 이르게 할 수 있는 수단은 인간의 행동과 같은 외적인 경과들에 직면하여 생의 모든 단계들에서 온전히 집중하는 것이다. 인간이 왜 해탈의 길을 걸어야 하는지의 이유들은 사성제에 나와 있다.

이에 반해서 대승불교는 보살이란 존재가 특별한 의미를 갖는다. 보살은 깨달은 자를 의미한다. 깨달은 자로서의 보살은 사람들로 하여금 열반의 길을 찾고 그 길로 나아가도록 돕기 위해 가능한 한 오랫동안 열반에 도달하지 않기로 서원한 존재를 가리킨다. 보살은 열반에 이르기 위해 여섯 가지 수행, 곧 육바라밀을 실천에 옮겨야 한다. 여기서 육바라밀이란 남에게 베풀어주는 것〔布施〕, 계율을 지키는 것〔持戒〕, 인내하고 남을 용서하는 것〔忍辱〕, 끊임없이 노력하면서 게으르지 않는 것〔精進〕, 마음을 고요히 가라앉히고 한 곳에 집중하는 것〔禪定〕, 진실한 지혜를 얻는 것〔智慧〕을 가리킨다. 대승불교의 보살은 단순히 아라한소승불교의 수행자 가운데 가장 높은 수준에 오른 존재 – 역자 주이 되는 것에 만족하지 않고 그 이상의 경지에 도달하는 것을 목적으로 한다. 대승불교에서 완전한 깨달음에 이르는 것, 곧 성불成佛하는 것은 아라한이 되는 것보다 더 많은 시간과 노력이 요구된다.[5] 성불에 도달하는 길은 깨달음을 얻는 데 도움이 되고 완전한 지혜를 담고 있는 여러 단계들과 특성들을 포함하고 있다.

불교 근본주의

앞에서 이미 서술한 바와 같이 종교적 근본주의는 종교의 정치화 혹은 종교에 기초를 둔 정치적 이데올로기로 정의할 수 있다. 하지만 불교의 경우 근본주의라고 하기에는 위에서 언급한 성격을 완벽하게 갖추고 있다고 할 수는 없다. 소승불교와 대승불교는 관용적이고 평화를 사랑하는 종교이기 때문에 근본주의적인 성향을 거의 지니고 있지 않다고 볼 수 있다. 물론 일부 소승불교의 경우 스리랑카에서 보이고 있는 불교를 믿는 싱할라족과 힌두교를 믿는 타밀족의 갈등에서처럼 근본주의에 의해 야기된 갈등들이 존재하며, 대승불교의 경우도 일본에서 나타나는 종교의 정치화와 같이 근본주의적 경향이 발견되기도 한다.

여기서 논의될 불교 근본주의는 주로 종교 갈등이 외적으로 표출되고 있는 소승불교의 근본주의를 가리킨다. 세계의 몇몇 국가에서는 불교와 타종교 간의 대립 현상이 일어나고 있다. 앞에서 언급한 바와 같이 스리랑카에서는 소승불교를 믿는 다수의 싱할라족이 힌두교를 믿는 타밀족과 첨예하게 대립하고 있으며, 미얀마에서는 다수를 차지하는 소승불교 신자들이 소수의 그리스도인들과 무슬림들에게 동등한 권리를 부여하지 않고 많은 차별을 행하고 있다. 또한 인구의 90퍼센트 정도가 소승불교를 믿고 있는 캄보디아에서는 불교도들이 그리스도교 교회를 지속적으로 습격하고 있다. 미얀마 소승불교와 캄보디아 소승불교의 경우 우리가 앞에서 살펴본 전형적인 종교적 근본주의와는 차이가 나지만 스리랑카에서 발생되고 있는 종교분쟁은 정치화된 종교의 한 사례로 볼 수 있다.

2 일본에서의 대승불교와 새로운 종교운동

전후 일본의 종교와 현대 일본의 종교

경제 발전과 하이테크 라이프스타일에 대한 현재 일본의 높은 관심을 놓고 보면 일본이 과거보다 종교들, 특히 신토이즘Shintoism과 불교를 덜 중시하고 있다고 추측할 수 있다. 그러나 실제 일본인의 생활양식은 종교적인 사고방식과 분리되어 존재하지 않는다. 신토이즘과 불교의 의례들은 일본인의 일상생활에서 쉽게 발견될 수 있다. 나아가 종교적 다원주의가 현대 일본의 종교 상황을 특징짓고 있다. 일본에는 인도와 중국으로부터 전래된 종교들과, 고대 일본의 종교, 서양의 세속적 이데올로기, 그리고 그리스도교가 공존하고 있다. 일본은 동남아시아에 위치한 오래된 불교 국가들처럼 불교를 신봉하는 나라가 아니다. 또한 본래적인 의미의 대승불교를 국교로 내세우지도 않는다. 그럼에도 불교적인 사고와 감성이 1천 년 동안 일본의 문화에 결정적인 영향을 미쳤다. 일본에서 불교가 흥왕했던 시대로는 수많은 불교 사원들이 건립된 소가시대585~622, 불교 승려들이 정치에 강력한 영향력을 행사했던 헤이안시대794~1185 그리고 정치적 운명이 불교 승려들의 운명과 밀접하게 연결되었던 다이쇼시대1912~1926를 들 수 있다.

독재적인 정권 아래서 억압받던 종교들과 종파들은 제2차 세계대전이 끝난 후 급속도로 확산되었다.[6] 1954년 나라 현의 텐리에 68채의 건물들로 구성된 신앙센터가 건립되었으며, 창가학회라는 종교단체도 생겨났다. 창가학회는 일련종이란 불교종단과 연관된 갱신운동으로부터 발생했다. 창가학회는 창시자 마키쿠치 쓰네사부로牧口常三郎, 1871~1944의 지도 아래 현세지향성, 사회적 책임의식, 치열한 사회참여 정신을 지닌 근대적인 민족 종교로 발전했다. 창가학회는 격변기에 새로운 삶의 규범을 제시했기 때문에 주로 도시의 빈민 계층과 지방에서 대도시로 이주한 젊은이들로부터 큰 지지를 받았다. 1956년 창가학회는 참의원 선거에서 3석을 차지하면서 정치권에 영향력을 행사할 수 있게 되었다. 이후 1964년에는 공명당이라는 정당을 창당하여 정치에 직접 관여하기 시작했다. 공명당은 오랫동안 제2야당 혹은 제3야당으로 존립해오다가 1996년 개혁주의적 이념을 내세우면서 창당한 신진당과 합당했다. 하지만 공명당은 창가학회와 달리 그다지 정치적 영향력을 행사하지는 못했다.

신종교新宗教들은 그 구성원들의 헌신을 통해서 부각될 수 있다. 일본의 신종교들은 세 가지 단계를 거쳤다고 할 수 있다. 첫 번째 단계는 도쿠가와 막부 시대의 종언과 더불어 시작되었고, 두 번째 단계는 제2차 세계대전이 끝난 뒤부터 시작되었다. 세 번째 단계에는 새로운 타입의 민족종교라고 할 수 있는 작은 종교운동들이 대거 생성되면서 시작되었다. 현재 일본 문화청에 등록된 종교단체의 수는 21만 개에 이른다. 하지만 21만 개의 종교단체 가운데 단지 376개만이 전국 조직을 갖고 있다고 한다. 제2차 세계대전 이후 일본 경제는 매우 빠르게 성장했고 사회는 점점 더 관료주의적으로 재편되었다. 이런 상황에서 일본 젊은이들이 신종교단체를 통해 자신들의 문제를 해소하게 되면서 새로 생겨나는 종교들의 수가 급증하고 있는 것이다.

이렇게 신종교들이 늘어나는 가운데 일본 불교는 신토이즘 및 세속화와 만나면서 차츰 변화되었다. 그럼에도 일본 불교는 자신의 근본적 전통을 버리지 않았다.[7] 일본 불교의 대표라고 할 수 있는 정토진종과 일련종은 신도 수가 각각 2천만 명과 3천만 명에 이르고 있고, 진언종은 많은 물의를 일으켰음에도 불구하고 1천 5백만 명 이상의 신도들을 거느리고 있다. 또한 선불교의 경우에는 신도 수가 9백만 명에 사원 수도 2만 개를 넘어섰다. 이런 불교종단들을 포함한 일본 불교의 전체 신도 수는 9천 2백만 명을 초과하는 것으로 집계되고 있다. 이런 수치는 일본인구의 73퍼센트에 해당하는 것이다.[8]

새로운 종교운동 속에 나타난 불교

일본에서는 위에서 살펴본 종교단체 이외에도 다른 새로운 종교운동들이 많이 등장했다. 여기서는 이 가운데 두 가지 종교운동들에 관해 언급하고자 한다.[9] 그 하나는 1936년 이토 신조伊藤眞乘, 1906~1989와 그의 아내 이토 도모지伊藤友司, 1912~1967에 의해 창도된 종교단체다. 이 종교단체는 제2차 세계대전이 끝날 때까지 진언종에 속해 있었으나 1951년에 진여원眞如苑이란 이름을 내걸고 독자적인 종교단체로 독립했다. 그리고 2년 뒤인 1953년에는 정부에 공식적으로 등록했다. 진여원의 신도 수는 약 70만 명으로 집계되고 있어 일본사회에서는 규모가 큰 신종교운동단체로 분류되고 있다.

진여원은 진언종의 고유한 의식들을 발전시킨 종교단체다. 진여원의 우주론은 대승불교의 신화에서 나온 십계十界를 담고 있다. 이 열 세계들은 서로 연관되어 있는데 이 가운데 낮은 여섯 세계는 소승불교에서 말하는 여섯 세계와 동일하다. 이런 여섯 세계는 미망과 윤회의 영역이라고 할 수 있다. 반면 높은 네 세계는 진리와 깨달음의 영역, 곧 윤회과정에서 벗어난 해탈과 절대 자유의 영역인 것이다. 진여원의 신도들은 이토 신조와 그의 아내, 그리고 그의 두 아들이 지닌 영혼을 통해 부처의 세계를 직접 경험할 수 있다고 한다. 진여원 교리에 따르면 이 네 사람의 영혼들은 낮은 여섯 세계와 높은 네 세계 사이에 있는 영적인 세계 안에 존재한다. 이 영혼들은 윤회과정으로부터 해방되어 인간의 영역과 신의 영역을 결합시키게 된다. 인생의 의미는 모든 이들에게 해탈의 가능성을 일러주는 열반으로부터 생겨난다. 이토 신조가 강조하는 바와 같이 모든 인간은 자기 안에 불성佛性을 갖고 있으며, 인간이 열반에 도달하여 영원한 영적 평화를 경험하기 위해서는 이런 불성을 충분히 사용해야 한다. 때문에 진여원은 현재를 위한 참된 불교를 구현할 것을 요구한다.

다른 하나의 종교운동은 GLAGod Light Association다. GLA는 불교의 교리와 그리스도교의 교리를 수용한 혼합주의적 종교단체다. GLA는 1968년 다카하시 신지高橋信次, 1927~1976에 의해 창도되어 1973년 일본 정부에 공식적으로 등록했다. 1992년부터 신도가 늘기 시작하여 2002년에는 그 수가 약 1만 9천 명에 달했다. GLA는 50여 권의 출판물을 간행했는데 이 출판물에는 극단의 물질주의에 대한 비판, 널리 퍼지고 있는 이기주의에 대한 비판, 그리고 사회적 불평등과 차별에 대한 비판 등 현재의 사회 시스템에 대한 비판들이 담겨 있다. 이미 열 살 때 영적인 경험을 했다고 주장하는 다카하시 신지는 다양한 종교들과 치열하게 대결했다. 그러나 자신의 의문들에 대해 명쾌한 답을 얻지 못했다. 그러던 중 1968년 그는 아내와 함께 한 사찰에서 수행하다가 종교적인 깨달음을 얻었다고 한다. 이를 계기로 그는 인간이 우주의 일부라는 사실을 알게 되었고, 영혼은 인간의 육체와 독립된 것이기 때문에 육체가 죽은 뒤에 다시 이 세상으로 돌아와 다른 육체 속으로 들어가 재생하게 된다고 여기기 시작했다. GLA의 핵심 교리는 모든 인간이 본래 불성을 갖고 있다는 점이고, 진여원 교리와의 차이점은 내세와 재생을 강조한다는 데 있다. GLA는 지금 인간들이 살고 있는 현세 이외에 다차원적이고 진정한 세계가 존재한다고 주장한다. 그리고 죽음 후에 인간은 이런 진정한 세계로 들어간다는 것이다.

일본에서는 근대화과정이 진행되면서 이러한 종교적인 운동들과 더불어 세속적인 운동들도 함께 일어났다. 종교적 운동들과 세속적 운동들은 그 당시 존재했던 사회 모순들로부터 발생된 것이다. 이 운동들은 사회를 간접적으로 혹은 직접적으로 변화시키기 위해 노력했으며, 현재까지 그 노력은 계속되고 있다. 우리는 이 운동들에서 사회의 모순과 갈등에 직면한 구성원들이 갖게 되는 사회재형성 욕구를 발견할 수 있다. 이 운동들은 자기 단체의 영향력을 행사하기 위해 적극적으로 노력하면서 개인의 종교적인 목표뿐만 아니라 사회적이고 정치적인 목표들도 추구하고 있다.

3 스리랑카에서의 종교 갈등

스리랑카의 종교적 상황

소승불교는 인도 마우리아 왕조의 아소카Asoka, BC 273?~232? 왕의 포교 활동으로 실론오늘의 스리랑카과 미얀마 등지에 전해졌으며 그 후 태국 및 캄보디아, 라오스에까지 전파되었다. 시간이 경과함에 따라 소승불교는 보급된 국가에 영향을 미쳐 통치자와 교단, 곧 승가僧伽 사이에 공생관계가 형성되었다. 정치 지도자들은 승가를 보호해주고 승가는 정치 지도자들에게 지배의 정당성을 제공해주었던 것이다. 석가모니에 따르면 승가는 정치에 개입해서는 안 된다. 그러나 현실 세계에서 승가는 몇몇의 경우들을 제외하고는 정부를 옹호하는 입장을 취해왔다. 특히 스리랑카에서 불교 승려들은 내전에 참여할 뿐만 아니라 불교 정당인 민족유산당을 만들면서까지 힌두교와 불교 간의 갈등을 부추기고 있다.

수십 년 동안 스리랑카는 불교계의 싱할라족들이 지배하고 있는 정부와 힌두교계 타밀족으로 구성된 무장단체 간의 분쟁을 겪고 있다. 이 분쟁과 갈등을 해결하기 위해 다각적으로 노력하고 있지만 그럼에도 양자 간의 평화회담은 결실을 맺지 못했다. 그러던 중 2002년 12월 국제사회의 중재로 상호 휴전 상태가 되어 지금까지 계속되고 있다. 타밀족이 스리랑카의 북동지역에 독립 국가를 세우기 위해 일으켰던 내전으로 인해 1983년부터 2002년까지 6만 5천 명 이상의 사람들이 목숨을 잃었다. 스리랑카에서 일어나고 있는 이러한 인종적이고 종교적인 분쟁에서 우리는 불교와 힌두교의 정치화를 확인할 수 있다. 이런 근본주의를 이해하기 위해서 우리는 진정한 불교 국가였던 실론의 역사를 살펴볼 필요가 있다.

실론 왕국에서의 불교의 정치화

실론에 소승불교를 최초로 전파한 사람은 아소카 왕의 아들이자 인도의 승려인 마힌다Mahinda, BC ?~?이다. 소승불교가 실론에 전파되면서 승가의 계율이 상당히 변했다. 옛 인도에서 승가의 계율은 금욕주의적인 불교 수행자들만을 위한 것이었으나, 실론에 전파된 불교에서는 승가의 계율은 제도종교의 주된 원칙이 되었다. 기원전 3세기 중반, 불교를 받아들인 실론의 왕은 마힌다의 요구를 받아들여 싱할라족에게 승가의 운영을 맡길 정도로 사회를 불교화했다. 그리고 싱할라족 출신의 승려들에게 사회적인 의무를 부과했다.[10] 그들은 해탈이라는 종교적인 과제를 넘어서 사회적이고 정치적인 과제까지 수행해야 했다. 싱할라족 출신의 불경 연구가들은 승려들을 해탈의 길을 걷고자 하는 평신도들의 모범으로 특징지었다. 그 결과 승려들은 불교 예식을 집례하는 전문가의 역할뿐만 아니라 대지주와 정치가의 역할도 감당해야만 했다.

승려가 정치가의 역할을 수행해야 한다는 것은 왕과 승가의 관계에 관한 이론에 근거했다. 이 이론은 다음의 두 사실들로부터 도출된 것이다. 그 하나는 왕이 승가에 경의를 표하는 평신도였다는 사실이고, 다른 하나는 왕이 모든 토지의 소유자였다는 사실이다. 왕은 최고의 국가 권력을 소유하고 사회 질서를 확립해야 하는 의무를 지니고 있다. 한마디로 말해서 왕은 국가 그 자체였다. 그리고 왕을 통해 국가는 승가에 경의를 표했다. 승려들은 모범적 존재로서 정치 영역을 지배했다.[11] 승가에게 주어진 우월성은 승가의 도덕적 원칙들이 지닌 우월성과 연결되었다. 그렇기 때문에 왕은 다르마를 통해 통치했다.

하지만 실제 현실은 이런 이론과는 달랐다. 기원전 2세기 두타가마니Dutthagamani, 재위 BC 161~137 왕은 타밀족과 교전했다. 두타가마니 왕은 승가에 승리를 기원하는 기도를 요청한 뒤 석가모니의 유물을 지닌 채 창을 가지고 싸웠다. 이때 많은 승려들이 두타가마니 왕의 뒤를 따라 전쟁에 참전했다. 이때부터 승려들은 실론 민족주의의 수호자가 되었다. 이 사건은 싱할라족의 불교 민족주의를 통해 무력 충돌을 정당화하려는 사람들이 즐겨 언급하는 사례가 되었다. 기원전 2세기 말 승려들은 킹메이커가 되었다. 그 당시 승려들은 죽은 왕의 신하들과 공모하여 왕의 큰아들이 아닌 작은아들에게 왕위를 넘겨주었다. 이로써 승가는 실론 민족주의의 옹호자 역할뿐만 아니라 킹메이커의 역할까지 수행하면서 적극적으로 정치에 관여하게 되었다.

이런 정치 관여를 통해 승가는 점차 자신의 본래 모습이 변질되었다. 즉, 원로들의 지배를 강조해왔던 이전 승가의 계율을 바꿔버린 것이다. 이전 계율은 작은 집단들에는 적합했지만 새로이 형성된 거대조직에는 적용될 수 없었기 때문이다.

실론 불교에 관한 세부적인 사항들까지 서술할 수 없으므로 1153년부터 1186년까지 실론 불교가 보여주었던 특성만을 언급하고자 한다. 이 시기에 실론 불교의 역사를 관통하는 주된 특징은 승가가 정치 및 황실과 긴밀하게 연결되어 있었다는 점이다. 이 당시에 '왕이 승가를 순수한 종교단체로 남아 있도록 해야 한다'는 주장이 생길 정도로 승가는 갈등 상황에 깊숙이 개입되어 있었다.

스리랑카 공화국과 타밀엘람 해방호랑이

실론의 다수민족인 불교계 싱할라족(76.7퍼센트)[12]은 전통적으로 내려온 소승불교와 정치지도자들 사이의 공생관계를 고수했다. 이로 인해 승가는 싱할라족과 소수민족인 힌두교계 타밀족(7.9퍼센트) 간의 갈등에 깊이 개입하게 되었다. 이런 갈등은 불교를 내세우는 정부가 타밀족을 의도적으로 차별하면서 생겨난 것이다.[13] 1956년 싱할라 유일화법Sinhala Only Act이 제정되면서 싱할라족이 거의 모든 공직을 차지했고 싱할라어는 유일한 공용어가 되었다. 또한 대학 입학 제도가 싱할라족에게 유리하게 바뀌었고 싱할라족 출신의 농부들이 타밀족 지역에서 거주할 수 있게 되었다. 이런 사회의 싱할라화에 대한 타밀족의 저항은 처음에는 합법적이고 평화적인 방식으로 전개되었다. 그러나 타밀족에 대한 박해가 노골화되면서 타밀족의 저항은 독립 국가를 세우기 위한 무력 투쟁으로 발전해갔다.

1970년대에 들어와서 단지 하나의 타밀 연방주를 세우는 것을 목적으로 했던 연방당이 다른 타밀족 그룹들과 연합해서 타밀통일해방전선을 형성했다. 타밀통일해방전선의 목적은 독립된 타밀족 국가를 수립하는 것이다. 이런 분위기 속에서 새로운 '타밀호랑이' 라는 지하단체를 모태로 해서 타밀엘람 해방호랑이가 조직되었으며, 이 단체는 불교계 싱할라족으로 구성된 정부의 차별화 정책을 중지시키고 타밀족 독립 국가를 세우기 위해 투쟁하고 있다.

스리랑카의 내전과 평화회담

1978년에 개정된 헌법에 의하면 타밀족의 독립 국가 수립을 옹호한 사람은 누구나 처벌의 대상이 됐다. 타밀족에 대한 정부의 억압이 심해지자 결국 1983년에는 내전이 발생했다. 싱할라족으로 구성된 정부는 스리랑카의 북부와 동부에 있는 타밀족 거주지를 공격한 반면 타밀족은 싱할라족이 지배하고 있는 지역에서 테러 공격을 감행했다. 이 내전은 종교적인 관점에서 보면 비극이 아닐 수 없다. 원래 평화를 추구했던 소승불교가 폭력과 배척의 종교로 바뀌었기 때문이다.

불교를 믿는 싱할라족의 급진적 근본주의는 힌두교를 믿는 타밀족의 테러리즘적인 근본주의와 대립하고 있었던 것이다. 양자 간의 이런 갈등은 1995년 후반부터 다시 증폭되기 시작했다. 1996년 5월 정부군은 타밀엘람 해방호랑이에 의해 점유되어 있던 자프나 반도를 점령했다. 1996년 1월에는 콜롬보에서 자살 테러가 일어났는데 이로 인해 수많은 싱할라족들이 목숨을 잃는 피해를 입었고, 또한 군사기지 물라이티부와 키리노치를 두고 치열한 전투가 벌어졌다. 결국 찬드리카 쿠마라퉁가Chandrika Kumaratunga, 재임 1994~2005 대통령은 스리랑카 전역에 비상사태를 선포했다.

분쟁으로 인해 희생자들이 속출하게 되자 양측은 2002년에 협상을 시도했다. 협상을 통해 타밀엘람 해방호랑이는 독립 국가의 수립이란 종래의 요구를 철회했고 정부는 오슬로 선언을 통해 스리랑카의 북부와 동부에 있는 타밀족 거주지를 자치지구로 만드는 데 동의한다는 사실을 발표했다. 이 협상으로 인해 전쟁은 종결되었으나 평화회담은 계속 이어지지 못했다. 타밀족 반군이 2003년 4월 평화회담을 거부했고, 정부도 연정을 둘러싼 갈등으로 인해 평화회담을 다시 개최하기는 어려워졌다. 그런 가운데 2003년 11월 자유당 소속 쿠마라퉁가 대통령과 통일국민당 소속 라닐 위크레메싱게Ranil Wickremesinghe, 1949~ 총리 사이에 권력 투쟁이 진행되었다. 쿠마라퉁가 대통령은 위크레메싱게 총리가 타밀엘람 해방호랑이에게 너무 많이 양보하고 있다고 비난했다. 2004년 2월 쿠라마퉁가 대통령은 자신의 권한을 사용해 국회를 해산하고 조기 선거를 실시했다.

불교 승려들의 정당 민족유산당

2004년 4월 4일에 실시된 조기선거에서 쿠라마퉁가 대통령은 자유당과 인민해방전선이 연대해서 만든 통일인민자유연합 덕분에 전체 의석의 45%를 차지해 승리를 거두었으나, 전체 의석의 과반수를 얻는 데는 실패했다. 현재 대통령인 마힌다 라자파크세Mahinda Rajapakse, 재임 2005~가 대통령 후보로 출마하는 데도 정치적으로 영향력을 발휘하고 있는 불교 승려들의 공이 컸다. 이런 이유에서 라자파크세 대통령은 불교 승려들로 구성된 민족유산당을 정부와 연결시킬 수 있다는 생각을 갖고 있다. 민족유산당은 2001년에 창당된 정당으로 스리랑카의 역사적이고 문화적인 뿌리를 진지하게 수용함으로써 사회 전체를 종교적으로 갱신시키려고 노력하고 있다.[14]

현재 9명의 국회의원을 보유한 민족유산당은 불교 근본주의에 근거하고 있으며, 이런 특성으로 인해 타밀엘람 해방호랑이가 잠정적인 자치권을 요구한 이후에도 힌두교계 타밀족을 받아들이는 문제에 관심을 기울이지 않고 있다. 2004년 12월에 이루어진 한 인터뷰에서 당시 대통령이었던 쿠마라퉁가는 평화협정이 성사될 수 있느냐는 질문에 대해 다음과 같이 답변했다.

> 우리는 그것(평화협정)을 성사시키기 위해 계속 노력할 것이다. 그러나 포악함의 정도로 보면 알카에다 다음가는 타밀엘람 해방호랑이와 같은 반란단체가 존재하는 한 그것의 성사를 확신할 수 없다.[15]

정치화된 불교를 대변하는 쿠마라퉁가는 힌두교 근본주의를 이슬람주의적 테러리즘에 버금가는 것으로 간주한 것이다.

VI
종교 간의 대화를 위한 이론적 기초

종교 근본주의와 종교분쟁

종교 간의 대화를 위한 이론적 기초

지금까지 살펴본 정치화된 종교들은 세계정치의 중요한 구성요소가 되었다. 세계의 현재와 미래는 종교적인 테러리즘으로까지 발전한 정치화된 종교에 영향을 받고 있고, 또 앞으로도 계속해서 받을 것이다. 그러므로 종교들의 평화로운 공존을 위해 가치적인 측면에서 합의를 이루려면 종교 간의 대화가 필요하다. 그리고 이런 종교 간의 대화가 실현되기 위해서는 대화의 상대인 다른 종교들에 대한 정확한 인식이 요구된다. 여기에서는 종교들이 지닌 일치점과 차이점을 지적함으로써 종교 간의 대화를 위한 이론적 기초를 제공하고자 한다. 이를 위해 그리스도교를 기준으로 해서 그것과 다른 종교들을 차례로 비교해볼 것이다.

1 유대교와 그리스도교

유대교와 그리스도교는 같은 뿌리에서 나온 종교들이다. 그럼에도 이 두 종교는 상이하며, 특별한 방식으로 연결되어 있다. 먼저 유대교가 내세우는 야훼는 유일신이다.

> 이스라엘아, 들어라. 야훼는 우리의 하느님이시며, 야훼는 오직 한 분뿐이시다.(「신명기」 6장 4절)

이 구절은 그리스도교 신앙고백의 첫 번째 조항으로 되었고, 나아가 「마가복음」 12장 29절 이하에서 그리스도교의 이웃 사랑 계명과 연결되고 있다.

> 이스라엘아, 들어라. 주, 곧 우리 하느님은 오직 한 분이신 주님이시다. 그러므로 너는 마음을 다하고, 영혼을 다하고, 생각을 다하고,

힘을 다하여 주 너의 하느님을 사랑하여라. 둘째는 이것이다. 너는 이웃을 네 몸과 같이 사랑하여라. 이 두 계명보다 더 큰 계명은 없다.

여기서 그리스도교가 유대교의 전통을 받아들인 사실이 분명하게 드러난다. 왜냐하면 「마가복음」의 이 내용은 구약성서 「레위기」 19장 18절에 그대로 나와 있기 때문이다.

그리스도교 신자들과 유대교 신자들은 성서의 많은 부분들을 공유하고 있다. 그들은 「시편」에 근거해서 동일한 기도를 드린다. 즉 「시편」에 나오는 유일한 하느님을 섬기는 것이다. 그리고 하느님이 자신을 선택한 사실을 깨달으면서 자의식을 형성한다. 이런 선택 과정에서 하느님은 자신의 사랑과 정의를 계시하며 이로부터 이 세상에서 사랑과 정의를 실현시켜야 하는 의무가 도출된다. 여기서 예수 그리스도가 유대교 신자들과 그리스도교 신자들을 중계하여 양자 사이에 공통점들이 존재하도록 만들어준다. 이에 대해서 게르트 타이센Gerd Theissen, 1943~은 자신의 저서 『유대교의 예수Jesus im Judentum』에서 다음과 같이 언급했다.

예수는 유대인이다. 그의 라이프스타일과 윤리적 급진주의를 놓고 볼 때 그는 유대교의 주변부에 있던 인물이다. 그러나 그가 지닌 근본적인 신앙의 관점에서 보면 그는 유대교의 중심부에 속해 있던 인물이라고 할 수 있다. …… 그리스도교의 핵심 내용은 그리스도교와 유대교 양자에서 나온 것이다. 예수는 유대인이었다. 그리고 유월절 이후 예수에게 주어진 운명에 해석이 가해지면서 그는 그리스도교의 토대가 되었다.

일치점과 차이점을 넘어서 구약성서의 그리스도교적 의미는 '약속과 성취'라는 도식에서 발견할 수 있다. 복음서 기자들은 이 도식에 근거해서 그리스도 사건을 해석하고 있다. 십자가 위에서 예수가 죽은 사건은 그의 제자들로 하여금 동요하도록 만들었다. 그리고 제자들이 갖고 있던 기대나 희망은 실현되지 않은 채로 남아 있었다. 그러나 예수의 부활을 통해 제자들은 예수의 삶과 죽음이 하느님의 뜻에 달려 있었다는 사실을 알게 되었다.[1] 이런 하느님의 뜻을 알기 위해서 제자들은 히브리 성서, 곧 구약성서를 샅샅이 찾아 예수의 수난과 죽음에 관한 설명을 발견하게 되었다. 특히 그들은 「이사야」 53장에 나오는 다음과 같은 내용을 찾아내게 되었다.

우리는 그가 징벌을 받아서 야훼께 맞고 고난을 당한다고 생각하였다. 그러나 그가 찔린 것은 우리의 허물 때문이고, 그가 상처를 입은 것은 우리의 죄 때문이다. 그가 징계를 받음으로써 우리가 평화를 누리고, 그가 매를 맞음으로써 우리가 치유되었다.

신약성서 시대에는 히브리 성서에 근거한 해석이 예수의 제자들이 전한 복음의 토대가 되었다.

유대교와 그리스도교의 중요하고 근본적인 차이는 타락과 연관된 유대교적 율법에 대한 고려 여부에서 발견할 수 있다. 유대교적 율법에 따르면 아담이 선악과를 따먹음으로써 야훼의 계명을 위반했다는 것이다. 반면 그리스도교는 계명 위반보다 타락을 더 중요한 것으로 간주한다. 그리스도교에 따르면 아담은 하느님에게서 벗어나 스스로 선과 악이 무엇인지 알고 싶어 했다는 것이다. 유대교는 타락을 통해 단지 인간의 죄에 대한 성향만을 발견하지만 그리스도교는 타락에서 인간이 하느님으로부터 멀어지는 것을 본다.

때문에 그리스도교에서는 이런 소외로부터 원죄가 나온다고 주장하는 데 반해 유대교에서는 원죄라는 개념이 존재하지 않는다. 그리스도교는 타락 이후로 죄인이 된 인간은 그리스도를 통한 구원을 필요로 한다고 주장한다. 그리스도를 통해 계시된 사랑이 그리스도교 사상의 핵심을 이루고 있다. 예수 그리스도의 희생적인 죽음을 통해 하느님은 인간들과의 무한한 연대를 선포했다. 그리고 하느님은 예수 그리스도를 죽은 자들 가운데서 다시 살아나게 함으로써 인간들에게 자신의 은혜에 대한 희망을 부어주고 자신이 인간들과 함께 한다는 사실을 확증했다.[2] 이런 하느님의 사랑은 구약성서에서 이야기하는 하느님의 자비 이상을 의미한다. 더 나아가 유대교에서는 낯선 그리스도교의 삼위일체설, 곧 하느님이 그리스도가 되며 성령을 통해 하느님과 그리스도가 결합된다는 설이 그리스도의 구원사적인 복음과 연결된다.

2 이슬람교와 그리스도교

이슬람교가 유대교 및 그리스도교와 연결된다는 것은 쿠란이 아브라함과 아담을 언급하고 있다는 사실에서 확인할 수 있다. 물론 종교로서의 이슬람교는 7세기 아랍에서 창도되었다. 쿠란에 따르면 알라의 뜻에 복종할 것을 요구하는 이슬람교는 이미 아브라함을 통해 등장했다고 한다. 그리고 이슬람교는 이스라엘의 족장들이스라엘 사람들의 선조들을 가리킴 – 역자 주에 의해 알려지고 예수 그리스도에서 그 첫 번째 정점에 이르렀다. 같은 시기에 다양한 비유대교적 공동체들에서 이스마엘의 후손인 아랍인들이 나타났는데 그 가운데 가장 뛰어난 인물이 무함마드다.[3] 쿠란은 이슬람교를 무함마드와 그 이전의 예언자들, 예를 들어 아브라함이나, 모세, 예수 등이 받은 계시를 믿는 종교로 규정함으로써 종교적 정체성을 확보하고 있다. 쿠란 3장 84절에는 다음과 같이 쓰여 있다.

우리는 알라와 우리에게 내려진 계시를 믿는다. 그리고 아브라함, 이스마엘, 이삭, 야곱, 이스라엘의 자손들에게 내려진 계시를 믿는다. 또한 우리는 알라께서 모세와 예수 등의 예언자들에게 내려주신 계시를 믿는다. 우리는 예언자들을 구별하지 않으며 알라께 자신을 바친다.

쿠란 29장 46절에 따르면 유대교의 야훼와 그리스도교의 하느님, 그리고 이슬람교의 알라는 하나인 것이다. 또한 쿠란에 나오는 계시는 신적 계시들의 통일성을 확보하는 데 근본적으로 기여한다. 쿠란 2장 113절에는 다음과 같은 내용이 나온다.

알라는 …… 부활의 날 그들이 다투는 것에 대해 심판하실 것이다.

그리고 쿠란 5장 48절은 다음과 같이 이야기한다.

알라께서 원하셨다면 그분은 너희에게 하나의 공동체를 만들어주셨을 것이다. 그러나 알라께서는 자신이 너희에게 주었던 것을 통해 너희를 시험하길 원하셨다. 그러므로 너희는 선행에 주력하라. 너희는 모두 알라께 돌아오라. 그러면 그분께서 너희가 일치하지 않는 것에 대해 알려주실 것이다.

이런 맥락에서 '신앙은 어떤 이성적인 근거도 필요하지 않다'는 것을 강조하는 신앙주의Fideismus는 이슬람교와 그리스도교의 대화에 기여할 수 있다. 왜냐하면 이슬람교 또한 신앙주의를 표방하기 때문이다. 이슬람교의 경우 신앙은 이성에 대해 우선성을 갖는다. 이런 문제와 관련해서 샤비르 악타르Shabbir Akhtar는 신앙이 두 가지 방식으로 이성의 힘과 한계를 결정한다고 주장한다. 즉 신의 은총에 의해 조명받은 이성은 신앙에 적극적으로 접근할 수 있는 반면 신의 은총에 의해 조명받지 못한 이성은 신앙을 평가할 수 없다는 것이다.[4] 내용 면에서 항상 일치하지는 않지만 동기 면에서 이슬람교의 신앙주의는 그리스도교의 신앙주의와 동일하다. 그리스도교가 인간의 이성이 타락으로 인해 불완전하게 되었다고 주장함으로써 이슬람교와 차이를 보이고 있을 뿐이다.

물론 이슬람교와 그리스도교가 대화를 시도하는 데는 적지 않은 난관들이 존재한다. 종교 간의 대화를 아주 어렵게 만드는 요인들로는 하느님의 아들로서의 예수, 삼위일체설, 그리고 예수의 십자가 죽음을 들 수 있다.

예수가 하느님의 아들이라는 교리와 관련해서 쿠란은 유일신으로서의 알라가 아들을 낳을 수 있다는 사실에 이의를 제기한다. 이런 의미에서 쿠란 112장은 다음과 같이 주장한다.

> 그분은 알라이시다. 알라는 유일자이시며 절대자이시다. 그분은 다른 존재를 낳지도 않으시고 다른 존재에 의해 태어나지도 않으셨다. 그래서 그분과 같은 가문 출신의 존재는 없다.

쿠란은 예수를 하느님의 아들이라고 여기는 그리스도교 신자들의 신앙을 잘못된 믿음이라고 비판한다. 그리고 이런 잘못된 믿음이 그리스도교 신자들과 불신자들을 같은 단계에 머물도록 한다는 것이다. 쿠란은 그리스도교의 삼위일체에 대해서도 비판을 가한다. 이슬람교에서는 그리스도교의 삼위일체를 삼신론三神論으로 이해하면서 이를 '이교도적인 다신론으로의 복귀'라고 간주한다. 마지막으로 이슬람교는 예수의 십자가 죽음도 변질된 교리로 본다. 이슬람교의 관점에서 신의 사자使者는 십자가에서 처형당할 수 없다. 이런 의미에서 무슬림학자들은 예수와 유사한 다른 인간이 십자가에서 죽은 것이라고 주장한다.

만일 사람들이 이슬람교적인 사고방식에 더 가까이 다가서게 된다면, 이런 이슬람교의 해석을 접한 그리스도교 신자들은 종교 간의 대화가 자신의 신앙에 위협이 된다고 생각하게 될 것이다. 이슬람교에서 쿠란은 앞선 모든 종교적 계시들을 포괄하고, 분리하고, 완성하는 알라의 계시로 이해된다. 신이 먼저 유대교 신자들과 그리스도교 신자들에게 자신을 계시했다는 사실은 모세오경과 복음서들, 그리고 쿠란이 증언하고 있는 바다. 하지만 이슬람교에 따르면 쿠란은 유대교 신자들과 그리스도교 신자들이 신앙을 변질시키는 곳에서 신앙의 순수성을 회복시키고 있다. 무슬림들에 의해 최고의 예언자로 평가받고, 예언자 역사를 종결하는 최종적이고 가장 중요한 예언자로 존경받는 무함마드도 신앙의 순수성을 되살리는 인물인 것이다. 그러나 그리스도교는 무함마드를 그리스도와 동등한 계시의 담지자로 간주하지 않는다.

이런 신의 문제 이외에 중요한 주제는 그리스도교와 이슬람교에 공통적으로 존재하는 최종적인 종교의 문제다.[5] 최종적인 종교의 문제를 해결하는 하나의 관점은 유대교, 그리스도교, 이슬람교가 그 성립 시기의 선후 관계와 상관없이 서로를 보충해 준다고 보는 것이다. 루이 마시뇽Louis Massignon, 1883~1962은 신약성서 「고린도전서」 13장을 인용해 유대교를 희망의 종교로, 그리스도교를 사랑의 종교로, 이슬람교를 믿음의 종교로 규정했다. 한편 시아파 신학자 세이예드 호세인 나스르Seyyed Hossein Nasr, 1933~는 유대교를 신에 대한 공포를 강조하는 종교로, 그리스도교를 신의 사랑을 내세우는 종교로, 이슬람교를 신의 인식을 추구하는 종교로 정의했다. 또한 나스르는 이슬람교에서 언급되는 샤리아Shariah, 율법와 타리카Tariqah, 길, 특히 신비주의의 길의 구분에 근거하여 유대교를 아브라함 전통의 율법적이고 외면적인 측면을 지닌 종교로, 그리스도교를 아브라함 전통의 내면적 측면을 지닌 종교로, 이슬람교를 이 두 측면들을 통합하고 통일시키는 종교로 이해했다.[6]

종교들이 서로 대화하는 과정에서 이슬람교가 그리스도교의 자기이해에 기여하는 부분과 그리스도교가 이슬람교의 자기이해에 기여하는 부분을 파악하는 것은 중요하다. 그리스도교는 불교와 대화하는 경우 인간과 인간의 구원에 초점을 맞추기에 정작 중요한 신의 문제를 주변적인 주제로 간주하기 쉽다. 그러나 그리스도교가 이슬람교와 대화할 경우 이슬람교는 그리스도교로 하여금 신의 문제를 일차적 주제로 받아들이도록 인도해줄 수 있다. 그리고 그리스도교로 하여금 복음의 공식적인 요구를 이차적 주제로 수용하도록 이끌어줄 수 있다. 그러나 동시에 그리스도교가 이슬람교와 대화할 경우 이슬람교는 서양 문명에서 많은 노력을 통해 구축된 종교와 사회의 화해, 그리고 교회와 국가의 화해를 깨뜨릴 수 있다.[7]

이슬람교 신자들은 자기 종교가 최종적인 종교라는 의식을 지녔기 때문에 그리스도교의 선교에 대해 혐오감을 갖고 있다. 라인하르트 후멜Reinhart Hummel, 1930~2007이 적절하게 지적했듯이 이슬람교는 독특한 성격의 종교 공동체를 보유하고 있고 세속 사회와 긴밀하게 결합되어 있기 때문에 개종 문제에 대해 상당히 예민하다. 이슬람교 신자들이 낯선 것들을 거부하는 경우 신학적인 동기와 사회적인 방어 메커니즘 가운데 어느 것이 더 결정적인 역할을 하는지는 가려내기 어렵다. 어쨌든 중요한 점은 "이슬람교 신자들에게 개종의 자유를 허용하는 것은 종교적으로뿐 아니라 사회적·법적으로도 심각한 문제들을 발생시킬 수 있다"[8]는 사실이다.

3 힌두교, 불교, 그리고 그리스도교

그리스도교와 힌두교의 대화 혹은 그리스도교와 불교의 대화는 이미 어려운 시도로 알려져 있다. 왜냐하면 그리스도교와 이 두 종교들은 이론 체계가 다르기 때문이다. 그리스도교는 계시에 기초해 있는 반면 힌두교와 불교는 형이상학적 인식에 근거해 있다.[9] 게다가 그리스도교는 죄인의 상태 및 구원의 필요성을 창조 사건 및 타락 사건과 연결시킨다. 그리스도교에서 이야기하는 죄인의 상태는 힌두교와 불교가 말하는 윤회의 수레바퀴에 매여 있는 실존에 비교될 수 있다. 이런 힌두교적·불교적 실존은 형이상학적인 세계 법칙에 그 기초를 두고 있다. 나아가 그리스도교는 그리스도를 통해 원죄로부터 구원을 받을 수 있다고 주장하는 반면 힌두교와 불교는 인간이 스스로 해탈의 상태에 도달할 수 있다고 강조한다.

그러나 그리스도교와 힌두교 및 불교 사이에는 공통점도 존재한다. 힌두교와 불교의 형이상학적 차원을 넘어선 내포적 측면을 고려

할 때 이런 일치점은 분명하게 드러난다. 그리스도교와 힌두교 및 불교의 공통점은 무엇보다도 신비의 영역에서 존재한다. 또한 그것은 신비적 요소와 형이상학이 합일하는 힌두교와 불교의 제의에서 발견된다. 이런 주제와 관련해서 흥미로운 연구가 이루어졌다. 가톨릭 신학자들이 신비주의적인 합일 상태를 경험하는 과정에서 그리스도교의 복음에 내적으로 접근하는 길을 찾아낸 것이다. 개신교 신학자 미하엘 폰 브뤼크Michael von Brück, 1949~도 이와 비슷한 연구를 했다. 그는 "동양 종교의 합일 경험과 그리스도교의 삼위일체설에서 실재의 통일과 전체론적 세계 경험을 지시하는 여러 가지 상징들을 발견할 수 있다"[10]고 주장했다.

다른 종교들에 대한 그리스도교의 관용은 다음과 같은 신학적 원칙으로부터 도출될 수 있다.

> 모든 것이 타락했기 때문에 신적인 계시가 모든 것에서 동일한 밝기로 빛나는 것은 아니다.[11]

우리가 이 원칙을 그리스도교에서 이야기하는 보편적인 사랑의 계명으로 보완해보면 힌두교와 불교에 대한 그리스도교의 관용은 다음과 같이 표현될 수 있다. '사랑의 복음을 전하는 그리스도교는 힌두교와 불교가 억압당하는 것을 거부한다.' 그리고 이 그리스도교의 관용은, 힌두교와 불교에서 말하는 절대적 경지가 그리스도교 신자들에게는 불충분하고 낯설게 느껴질지라도 이 절대적 경지를 존중한다는 것으로도 표현될 수 있다. 더 나아가 이런 그리스도교의 관용은 힌두교 신자와 불교 신자의 삶을 채우고 있는 '경외심에 대한 경외'에 근거해 있다고 할 수 있다. 그러나 결국 그리스도교의 관점에서 관용은 힌두교와 불교가 그리스도교의 복음과 모순되는 곳에서 끝이 나게 된다.

그리스도교의 관용에 대한 이러한 진술들은 종교 간의 대화 과정에서 그리스도교가 나아가야 할 방향성을 제시하고 있다. 세계 정치의 긴장 지역에는 항상 많은 문제와 갈등이 존재한다. 이런 문제와 갈등은 주로 종교, 특히 종교의 정치화로 인해 발생하고 있다. 여기서 우리는 종교 간의 대화가 이런 문제와 갈등을 해결하는 데 기여할 수 있을 것이라는 희망을 가질 수 있다. 책의 서두에서 지적했지만 현재의 가치갈등에서 가치합의, 곧 세계종교들의 평화로운 공존을 위한 가치합의로 나아가는 노력이 필요하다.

주(註)

프롤로그

1 J. Braml, 「Die theo-konservative Politik Amerikas」, 《Aus Politik und Zeitgeschichte》, 7/2005, 34면 참조.

2 W. Röhrich, 『Herrschaft und Emanzipation』, Berlin 2001, 33쪽 참조.

3 M. Minkenberg, 『Neokonservatismus und Neue Rechte in den USA』, Baden-Baden 1990 참조.

4 R. Kagan, 『Macht und Ohnmacht』, Berlin 2003, 37, 45쪽 참조(원제 : 『Paradise and Power, America and Europe in the New World Order』).

I. 유대교

1 A. M. Goldberg, 「Judentum」, E. Brunner-Traut(Hrsg.), 『Die fünf großen Weltreligionen』, Freiburg i. Br. 2002, 88쪽 이하 참조.

2 『Dictionnaire universel』, Hague and Roterdam 1701 참조.

3 M. Weber, 『Wirtschaft und Gesellschaft』1. Hbd., Tübingen 1988, 140쪽 인용.

4 A. M. Goldberg, 「Judentum」, E. Brunner-Traut(Hrsg.), 『Die fünf großen Weltreligionen』, Freiburg i. Br. 2002, 88쪽 이하 참조.

5 여기서 인용되고 있는 구약성서는 Neue Jerusalemer Bibel. Einheitsübersetzung, Freiburg i. Br. 2002에 따른 것임.

6 A. M. Goldberg, 「Judentum」 98쪽 참조.

7 K. Kienzler, 「Der religiöse Fundamentalismus」, München 1999, 95쪽 이하 참조.

8 K. Kienzler, 「Der religiöse Fundamentalismus」 109쪽 인용.

9 M. Wolffsohn, 「Wem gehört das Heilige Land?」, München 2002, 51쪽 참조.

10 여기서 인용되고 있는 쿠란은 7. Auflage, Al-Muharram, Köln 1995에 따른 것임.

11 F. Schreiber / M. Wolffsohn, 「Nahost」, Opladen 1992 참조.

12 A. R. Taylor, 「The Arab Balance of Power」, Syracuse 1982 참조.

13 F. Schreiber / M. Wolffsohn, 「Nahost」 참조.

14 B. Tibi, 「Konfliktregion Naher Osten」, München 1991, 80쪽 이하 참조.

15 M. Wolffsohn, 「Wem gehört das Heilige Land?」 참조.

16 M. Wolffsohn / D. Bokovoy, 「Israel」, Opladen 1995, 28쪽 이하 참조.

17 B. Tibi, 「Krieg der Zivilsationen」, München 1995, 291쪽 이하 참조.

II. 그리스도교

1 R. Bultmann, 「Das Urchristentum im Rahmen der antiken Religionen」, Zürich 1949 참조.

2 D. Flusser, 「Jesus in Selbstzeugnissen und Bilddokumenten」, Reinbek 1968, 24쪽 이하 참조.

3 H. von Glasenapp, 「Die fünf Weltreligionen」, München 2001, 281쪽 참조.

4 R. Rendtorff, 「Christen und Juden heute」, Neukirchen 1998, 115이하 참조.

5 J. Braml, 「Die theo-konservative Politik Amerikas」,〈Aus Politik und Zeitgeschichte〉, 7/2005, 참조.

6 K. Kienzler, 「Der religiöse Fundamentalismus」, München 1999, 33쪽 참조.

7 K. Kienzler, 「Der religiöse Fundamentalismus」 33쪽 인용.

8 K. Kienzler, 「Der religiöse Fundamentalismus」 41쪽 인용.

9 U. Bermbach, 「Widerstandsrecht」, 「Pipers Handbuch der politischen Ideen」 Bd. 3, München 1985 참조.

10 J. Wallmann, 「Kirchengeschichte Deutschlands seit der Reformation」, Tübingen

2000, 104쪽 이하 참조.

11 M. Weber, 「Gesammelte Aufsätze zur Religionssoziologie」Bd. 1, Tübingen 1988, 252쪽 참조.

12 M. Weber, 「Gesammelte Aufsätze zur Religionssoziologie」Bd. 1, 32쪽 이하 참조.

13 M. Weber, 「Gesammelte Aufsätze zur Religionssoziologie」Bd. 1, 49쪽 참조.

14 M. Weber, 「Gesammelte Aufsätze zur Religionssoziologie」Bd. 1, 74쪽 참조.

15 M. Weber, 「Gesammelte Aufsätze zur Religionssoziologie」Bd. 1, 115쪽 이하 참조.

16 M. Weber, 「Gesammelte Aufsätze zur Religionssoziologie」Bd. 1, 192쪽 참조.

17 M. Weber, 「Gesammelte Aufsätze zur Religionssoziologie」Bd. 1, 190쪽 참조.

18 A. von Harnack, 「Das Wesen des Christentums」, Gütersloh 1977 참조.

19 G. Denzler, 「Das Papsttum」, München 1997, 97쪽 이하 참조.

20 G. Denzler, 「Das Papsttum」 99쪽 이하 참조.

21 H. Denzinger, 「Kompendium der Glaubensbekenntnisse und kirchlichen Lehrentscheidungen」, Freiburg i. Br. 1999, 756쪽 이하 참조.

22 G. Denzler, 「Das Papsttum」 100쪽 이하 참조.

23 G. Lindgens(Hrsg.), 「Dokumente」 120쪽 이하 참조.

24 H. Frankenmöller(Hrsg.), 「Christen und Juden」, Paderborn 2001, 81쪽 이하 참조.

25 G. Lindgens, 「Die politischen Implikationen der katholischen Soziallehre」, 「Pipers Handbuch der politischen Ideen」 Bd. 5, München 1987, 93쪽 이하 참조.

26 K. Rahner / H. Vorgrimler(Hrsg.), 「Kleines Konzilskompendium」, Freiburg i. Br. 1974, 368쪽 인용.

27 K. Rahner / H. Vorgrimler(Hrsg.), 「Kleines Konzilskompendium」 357쪽 인용.

28 K. Rahner / H. Vorgrimler(Hrsg.), 「Kleines Konzilskompendium」 452쪽 인용.

29 H. Küng, 「Das Judentum」, München 2001, 753쪽 이하 참조.

30 O. Kallscheuer, 「Der Vatikan als Global Player」, 《Aus Politik und Zeitgeschichte》, B. 7/2005, 7면 이하 참조.

31 O. Kallscheuer, 「Der Vatikan als Global Player」 12쪽 이하 참조.

32 O. Kallscheuer, 「Der Vatikan als Global Player」에서 인용.

33 S. E. Mead, 『The Nation with the Soul of a Church』(1985) 참조.

34 J. Heideking, 『Geschichte der USA』, Tübingen 2003, 175쪽 참조.

35 J. Braml, 「Die theo-konservative Politik Amerikas」 참조.

36 J. Heideking, 『Geschichte der USA』, Tübingen 2003, 284쪽 이하 참조.

37 J. D. Hunter, 『Der amerikanische Kulturkrieg』, Gütersloh 1997, 77쪽 참조.

38 Dan Cohn-Sherbok, 『Judentum』, Freiburg i. Br. 2000, 160쪽 이하 참조.

39 H. R. Niebuhr, 『Der Gedanke des Gottesreiches』, New York 1948, 109쪽 참조.

40 W. A. Williams, 『Die Tragödie der amerikanischen Diplomatie』, Frankfurt a. M. 1973, 69쪽 인용(원제 : 『The Tragedy of American Diplomacy』).

41 M. Weber, 『Gesammelte Aufsätze zur Religionssoziologie』Bd. 1, 190쪽 인용.

42 W. A. Williams, 『Die Tragödie der amerikanischen Diplomatie』, Frankfurt a. M. 1973, 79쪽 인용.

43 J. Braml, 「Die theo-konservative Politik Amerikas」 30면 이하 참조.

44 N. Mailer, 『Heiliger Krieg : Amerikas Kreuzzug』, Reinbeck 2003, 29쪽 참조.

45 M. Massarrat, 「Der 11. September」, 《Aus Politik und Zeitgeschichte》B. 3-4, 190쪽 참조

46 B. Tibi, 「Eine neue Welt(un)ordnung?」, 《Gewerkschaftliche Monatshefte》 52. Jg. 11-12/2001, 619면 참조.

47 B. Tibi, 「Eine neue Welt(un)ordnung?」 618면 참조.

48 R. Rorty, 『Der Spiegel der Natur』, Frankfurt a. M. 1987, 120을 참조 (원제 : Philosophy and the Mirror of Nature).

49 「Remarks by the President」, 《West Point, New York》, 1. June 2002.

III. 이슬람교

1 B. Tibi, 『Der Islam und das Problem der kulturellen Bewältigung』, Frankfurt a. M. 1985, 참조.

2 A. A. An-Na' im, 『Toward an Islamic Reformation』, Syracuse 1990 참조.

3 J. Bouman, 『Gott und Mensch im Koran』, Darmstadt 1977을 참조.

4 B. Tibi, 『Der Islam und das Problem der kulturellen Bewältigung』 44쪽 참조.

5 여기서 인용되고 있는 쿠란은 7. Auflage, Al-Muharram, Köln 1995에 따른 것임.

6 J. Berque, 『Der Koran neu gelesen』, Frankfurt a. M. 1996 참조.

7 D. Senghaas, 『Zivilisierung wider Willen』, Frankfurt a. M. 1997, 74쪽 인용.

8 B. Tibi, 『Der Islam und das Problem der kulturellen Bewältigung』 77쪽 참조.

9 B. Tibi, 『Kreuzzug und Djihad』, München 1999, 9쪽 이하 참조.

10 B. Tibi, 『Die fundamentalistische Herausforderung. Der Islam und die Weltpolitik』, München 2002, 17쪽 이하 참조.

11 B. Tibi, 『Die fundamentalistische Herausforderung. Der Islam und die Weltpolitik』 248쪽 이하 참조.

12 B. Tibi, 『Islamischer Fundamentalismus, moderne Wissenschaft und Technologie』, Frankfurt a. M. 1992 참조.

13 H. Bielefeldt / W. Heitmeyer(Hrsg.), 『Politisierte Religion. Ursachen und Erscheinungsformen des modernen Fundamentalismus』, Frankfurt a. M. 1978, 195쪽 이하 참조.

14 H. Bielefeldt / W. Heitmeyer(Hrsg.), 『Politisierte Religion. Ursachen und Erscheinungsformen des modernen Fundamentalismus』 서문 참조.

15 W. Ende / U. Steinbach(Hrsg.), 『Der Islam in der Gegenwart』, München 1976, 19~53쪽 참조.

16 B. Tibi, 「Transplantat ohne Wurzeln」, D. S. Lutz(Hrsg.), 『Globalisierung und nationale Souveränität, Festschrift für Wilfried Röhrich』, Baden-Baden 2000, 319~354쪽 참조.

17 U. Steinbach, 「Die Stellung des Islams und des islamischen Rechts in ausgewählten Staaten」, W. Ende / U. Steinbach(Hrsg.), 『Der Islam in der Gegenwart』 213~232쪽 참조.

18 G. Krämer, 『Gottes Staat als Republik』, Baden-Baden 1999, 257~275쪽 참조.

19 사이드 쿠트브에 관해서는 G. Krämer, 『Gottes Staat als Republik』, Baden-Baden

1999, 211쪽 이하 참조.

20 B. Tibi, 「Die fundamentalistische Herausforderung. Der Islam und die Weltpolitik」 25쪽 이하 참조.

21 M. Weber, 「Wirtschaft und Gesellschaft」, 1. Hbd., Tübingen 1976, 140쪽 참조.

22 M. Weber, 「Wirtschaft und Gesellschaft」, 2. Hbd., Tübingen 1976, 657쪽 참조.

23 W. Röhrich, 「Die politischen Systeme der Welt」, München 2003 참조.

24 Art. 5 der Verfassung der Islamischen Republik Iran vom 14. 12. 1989 참조.

25 B. Tibi, 「Aufbruch am Bosporus」, München / Zürich 1998 참조.

26 B. Tibi, 「Aufbruch am Bosporus」 15쪽 참조.

27 P. L. Berger(Hrsg.), 「Die Grenzen der Gemeinschaft」, Gütersloh 1997, 355쪽 이하 참조.

28 P. L. Berger(Hrsg.), 「Die Grenzen der Gemeinschaft」 374쪽 참조.

29 B. Tibi, 「Aufbruch am Bosporus」 86쪽 참조.

IV. 힌두교

1 H. von Glasenapp, 「Die fünf Weltreligionen」, München 2001, 15 참조.

2 G. Mensching, 「Toleranz und Wahrheit in der Religion」, Weimar 1966, 81쪽 참조.

3 G. Mensching, 「Toleranz und Wahrheit in der Religion」 178쪽 인용.

4 R. A. Mall, 「Der Hinduismus」, Darmstadt 1997, 4쪽 참조.

5 K. Meisig, 「Shivas Tanz」, Freiburg i. Br. 1996, 62쪽 이하 참조.

6 R. C. Zachner, 「Der Hinduismus」, Gütersloh 1979 참조.

7 J. Gonda, 「Die Religion Indiens」, Stuttgart 1960, 279쪽 이하 참조.

8 R. A. Mall, 「Der Hinduismus」 83쪽 이하 인용.

9 K. Meisig, 「Shivas Tanz」 173쪽, 196쪽 참조.

10 D. Rothermund(Hrsg.), 「Indien」, München 1995 참조.

11 H. von Glasenapp, 「Indische Geisteswelt」, Baden-Baden 1958, 314쪽에서 인용.

12 W. Draguhn(Hrsg.), 「Indien 2002」, Hamburg 2000, 107쪽 참조.

13 M. Weber, 「Wirtschaft und Gesellschaft」, 1. Hbd., Tübingen 1982, 300쪽 참조.

14 S. Randeria, 「(Post)koloniale Moderne - Kastensolidarität und Rechtspluralismus in Indien」, 《Berliner Debatte Initial》 14 / 2003, 8쪽 참조.

15 R. A. Mall, 「Der Hinduismus」 4쪽 참조.

16 K. Irawati, 「Hindu Society-an interpretation」 1961 참조.

17 C. Weiß et al.(Hrsg.), 「Religion, Macht, Gewalt」, Frankfurt a. M. 1996 참조.

18 D. Rothermund, 「Krisenherd Kaschmir」, München 2002 참조.

19 M. Rahman, 「Divided Kashmir」, Boulder 1996 참조.

20 W. Draguhn(Hrsg.), 「Indien 2002」 참조

21 Länderevaluation der Schweizerischen Flüchtlingshilfe vom Oktober 2001.

22 D. Rothermund, 「Krisenherd Kaschmir」 171쪽 이하 참조.

23 K. Zyber, 「Der Kaschmir konflikt」, 《ai-Journal》 7-8 / 2002 참조.

V. 불교

1 K. Mylius(Hrsg.), 「Buddha. Die Vier edlen Wahrheiten」, München 1985 참조.

2 H. von Glasenapp, 「Die Weisheit des Buddha」, Wiesbaden 1946, 97쪽 이하 참조.

3 Th. Khoury, 「Buddhism」, E. Brunner-Traut(Hrsg.), 「Die fünf großen Weltreligionen」, Freiburg i. Br. 2002, 42쪽 참조.

4 G. Hierzenberger, 「Der Glaube der Buddhisten」, Limburg 2003, 47쪽 이하 참조.

5 W. Waldenfels, 「Absolutes Nichts」, Freiburg i. Br. 1976 참조.

6 H. Dettmer, 「Grundzüge der Geschichte Japans」, Darmstadt 1988 참조.

7 S. Ienaga, 「Kulturgeschichte Japans」, München 1990을 참조.

8 P. L. Berger, 「Die Grenzen der Gemeinschaft」, Gütersloh 1997, 498 이하 참조.

9 I. Wieczorek, 「Neue religiöse Bewegungen in Japan」, Hamburg 2002 참조.

10 H. Bechert, 「Buddhismus」, Frankfurt a. M. 1966 참조.

11 W. Rahula, 「History of Ceylon」, Colombo 1968을 참조.

12 F. Houtart, 「Religion and Ideology in Sri Lanka」, Colombo 1974 참조.

13 J. P. Neelsen, 「Sri Lanka」, 《Blätter für internationale Politik》, 5 / 2004 참조.

14 J. P. Neelsen, 「Sri Lanka」, 참조.

15 《Der Spiegel》, Nr. 50 / 6. 12. 2004, 136면 이하 참조.

VI. 종교 간의 대화를 위한 이론적 기초

1 K. Hübner, 『Das Christentum im Wettstreit』, Tübingen 2003, 82쪽 이하 참조.

2 K. Hübner, 『Das Christentum im Wettstreit』 84쪽 참조.

3 S. Akhtar, 「Der Dialog zwischen dem Islam und den Weltreligionen」, P. Koslowski(Hrsg.), 『Philosophischer Dialog der Religionen』, München 2002, 43쪽 참조.

4 S. Akhtar, 「Der Dialog zwischen dem Islam und den Weltreligionen」, 35쪽 이하 참조.

5 H. Zirker, 『Christentum und Islam』, München 1994, 55쪽 이하 참조.

6 S. H. Nasr, 『Ideals and Realities of Islam』, Boston 1972, 35쪽 참조.

7 Th. Sundermeier, 『Die Herausforderung des Islam』, 1983, 38쪽 참조.

8 R. Hummel, 『Religiöser Pluralismus oder christliches Abendland?』, Darmstadt 1994, 133쪽 참조.

9 K. Hübner, 『Das Christentum im Wettstreit』 121쪽 이하 참조.

10 R. Hummel, 『Religiöser Pluralismus oder christliches Abendland?』 58쪽 인용.

11 K. Hübner, 『Das Christentum im Wettstreit』 123쪽 이하 참조.

찾아보기

ㄷ

ㄹ

ㅅ

ㅇ

ㅈ

ㅌ

ㅍ

ㅎ